JN443418

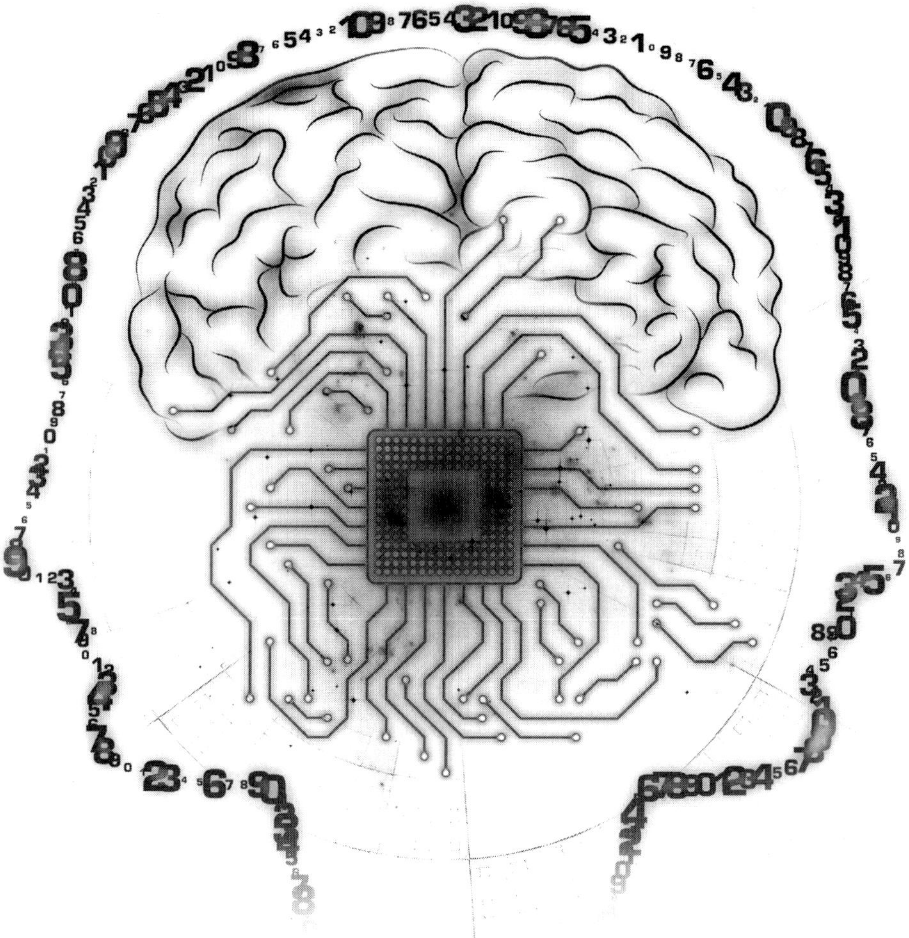

컴퓨터적 사고와 프로그래밍 첫걸음

최종명 지음

홍릉과학출판사

머리말

컴퓨터 소프트웨어의 중요성은 점차 커지고 있으며, 일반인들도 일상생활 및 산업에서 소프트웨어의 중요성을 피부로 느낄 정도로 세상이 변하고 있다. 이제 프로그래밍 교육은 컴퓨터학과, 공과대학을 넘어서, 일반교양 과목으로도 확대되고 있으며, 전공자가 아닌 일반인들도 소프트웨어의 동작 방법이나 컴퓨터적 사고를 통해서 논리적으로 문제를 해결하는 능력을 익혀야 하는 시대가 왔다.

기존의 컴퓨터 프로그래밍에 관련된 책들을 보면 언어의 사용 방법(문법적인 내용)을 주로 설명하고 있고, 프로그래밍 능력을 향상시키기 위한 컴퓨터적 사고 혹은 논리적인 문제 해결 능력을 향상시키기 위한 내용 혹은 이를 위한 책은 많지 않은 상황이다. 이것은 책뿐만 아니라 고등학교 및 대학교의 관련 교과목에서도 마찬가지여서, 수업에서는 주로 언어의 사용 방법에 대한 교육이 이뤄지고 있다. 언어 사용 방법을 중심으로 다루는 책 혹은 수업은 많은 장점을 갖고 있지만, 컴퓨터적 사고 능력을 키우기 위해서는 크게 도움이 되지 않는다. 컴퓨터적 사고 혹은 논리적 문제 해결 능력은 컴퓨터 프로그래밍에서 꼭 필요하면서, 프로그래밍 언어의 문법을 아는 것보다 훨 씬 중요한 능력이다. 프로그래밍 언어의 문법을 알고 있다고 해서 컴퓨터적 사고 능력이 충분히 갖춰진 것은 아니고, 이 능력을 향상시키기 위해 생각하는 방법, 문제를 분석하는 방법, 문제 해결을 위한 해결 방법 등에 대한 공부와 연습이 필요하다. 이는 문법에 맞게 글을 쓸 수 있다고 해서 멋진 시나 소설을 쓸 수 있는 것은 아닌 것과 마찬가지다.

컴퓨터적 사고 훈련을 충분히 하지 않은 학생은 프로그래밍 언어의 문법적인 내용은 알지만, 이것을 적용해서 문제를 해결하는 것은 매우 어려워한다. 학생들 대부분이 하는 말은 "프로그램을 보면 알겠는데, 작성하려고 하면 무엇부터 어떻게 해야 할지 모르겠어요"이다. 이런 학생들은 차분히 문제를 해결하려고 노력하는 대신에 인터넷에서 그 문제에 대한 해답을 찾아보는 경향이 있다. 이러한 방법은 한두 번 통할 수 있지만, 결국 자신의 실력이 향상된 것이 아니기 때문에 복잡한 문제가 나올 때 많은 어려움을 겪을 수밖에 없다. 무엇을 어떻게 할지 모른다는 것은 문제를 분석하고, 해결 방법을 찾는 컴퓨터적 사고 능력이 충분하지 않다는 의미이다.

이 책은 컴퓨터적 사고 능력을 향상시키는 것을 주목표로 하고 있으며, 이를 위해서 현재 널리 사용되는 명령형 프로그래밍 패러다임에 적합한 순서도를 활용하였다. 독자들의 컴퓨터적 사고 능력 향상을 위해서 유형에 따른 기본 예제와 직접 문제를 해결해야 하는 실습 문제를 책에 많이 넣었다. 실습 문제는 논리적인 문제 해결 유형과 난이도를 고려해서 배치하였기 때문에 반드시 다 풀어볼 것을 권장한다. 또한 순서도를 이용한 문제 해결 능력을 Python과 C 언어를 이용해서 실제로 프로그램을 작성할 수 있도록 하였다. 이 책은 Python이나 C 언어를 배우기 위한 책은 아니다. 그렇지만, 기존에 C 프로그래밍이 어려웠던 사람들, 프로그래밍을 처음 시작하는 사람들에게 이 책은 많은 도움을 줄 수 있을 것이다.

순서도를 활용한 컴퓨터적 사고 훈련 교육의 필요성과 이것이 프로그래밍 교육에 유용하다는 것을 확인하게 해준 국립목포대학교 컴퓨터공학과 학생들에게 감사드린다. 또한 책 출판을 위해서 수고해주신 홍릉과학출판사 대표님과 임직원 여러분들께 깊은 감사를 드린다.

최종명

차례

CHAPTER 0 컴퓨터적 사고 개념

CHAPTER 01 순서도 개념과 순차적인 일처리

CHAPTER 02 조건에 따라 처리하는 작업

CHAPTER 03 반복적으로 수행하는 작업

CHAPTER 04 복합 순서도를 활용한 논리적인 문제 해결 연습

CHAPTER 05 작업을 분해하자

CHAPTER 06 재귀적 작업: 수학적 정의를 활용하자

CHAPTER 07 배열: 동일한 형태 자료들의 모임

CHAPTER 08 구조체: 하나의 개념에 포함된 여러 형태 정보

CHAPTER 09 화살표(포인터) 표현하는 법

CHAPTER 10 순서도를 파이썬 프로그램으로 I

CHAPTER 11 순서도를 파이썬 프로그램으로 II

CHAPTER 12 순서도를 C 프로그램으로 I

CHAPTER 13 순서도를 C 프로그램으로 II

CHAPTER

컴퓨터적 사고 개념

0.1 컴퓨터적 사고

현대 사회에서는 일상생활은 물론 산업 전 분야에서 컴퓨터를 사용하고 있는데, 미래에는 더 많은 분야에서 사용할 것이다. 컴퓨터가 전 분야에 사용되면서, 단순히 문서 혹은 PPT 파일을 만드는 것을 넘어서 컴퓨터를 이용해서 업무상 문제들을 해결해야 할 필요성이 커지고 있다. 예를 들어, 공장 근로자는 컴퓨터를 이용하여 어떻게 더 효율적으로 제품을 생산할 수 있을까를 고민해야하고, 증권 투자자는 컴퓨터 알고리즘을 이용하여 증시와 시장 전망을 예측해야 한다.

컴퓨터를 이용한 문제 해결은 더 이상 컴퓨터 전공자만 하는 것이 아니라, 일반인들이 필요에 의해서 프로그램을 작성하고, 문제를 해결할 수 있어야 한다. 컴퓨터를 이용한 문제 해결 능력을 향상시키기 위해서 선진국을 비롯, 세계 각국에서는 초·중·고등학교와 대학교에서 컴퓨터적 사고(computational thinking)와 소프트웨어에 대한 교육을 강화하고 있다. 최근 들어 미국에서는 code.org 사이트를 통해서 소프트웨어 교육의 중요성을 강조하고 있다. 최초로 튜링상을 받은 Perlis는 1960년대부터 대학에서 프로그램을 교양 교육으로 가르쳐야 한다고 주장하면서, 학생들의 각 전공 내용을 컴퓨터를 통해서 표현하고, 문제를 해결할 수 있어야 한다고 주장했다.

컴퓨터적 사고를 배우기 위해서는 일반적으로 컴퓨터 프로그램 작성법을 배운다. 그러나 이것은 컴퓨터를 이용해서 문제 해결 방법을 배우고 익히기 위한 것이지 프로그램 작성법을 배우는 것이 주 목적은 아니다. 다시 언급하지만, 컴퓨터적 사고는 컴퓨터 프로그램을 작성하는 것이 아니라 컴퓨터를 이용한 문제 해결 능력을 키우는 것이다.

컴퓨터적 사고에서 중요한 것은 문제를 분석하고, 해결책을 컴퓨터를 이용해서 해결할 수 있는 형태로 만드는 것이다. 즉, **컴퓨터적 사고(computational thinking)**는 *문제를 정의하고, 그 해결책을 컴퓨터가 효과적으로 수행할 수 있는 형태로 만드는 과정*이다. 컴퓨터적 사고에서 중요한 특징은 문제 분해(decomposition), 패턴 인식(pattern recognition), 자료 표현(data representation), 일반화(generalization) 혹은 추상화(abstraction), 알고리듬(algorithm)이다.

컴퓨터적 사고는 다음과 같은 특징을 가지고 있다.

- 컴퓨터를 이용해서 문제를 해결할 수 있도록 문제를 정의한다.
- 데이터를 분석하고, 논리적으로 조직한다.
- 데이터를 모델 등과 같은 추상화된 형태로 표현한다.
- 알고리즘 형태로 해결책을 작성한다.
- 효과적이고 효율적인 절차와 자원을 이용해서 목표에 도달할 수 있는 해결책을 파악하고, 분석하고, 구현한다.
- 문제 해결 절차를 다양한 문제에 적용할 수 있도록 일반화한다.

0.2 프로그래밍 패러다임

보통 사람들이 알고 있는 프로그래밍 언어로는 C, C++, Java, Python 등이 있지만, 프로그래밍 언어는 생각보다 상당히 많이 존재하고, 프로그래밍 형태(프로그래밍 패러다임)도 명령형, 객체지향형, 논리형, 함수형 등으로 구분된다. **프로그래밍 패러다임(programming paradigm)**은 *컴퓨터 프로그램에서 문제 해결 방법을 표현하는 개념 및 생각의 패턴*이라고 볼 수 있다. 프로그래밍 패러다임이 다르면, 생각의 패턴과 사용하는 개념이 달라지기 때문에 문제를 분석하는 방법 및 문제를 해결하는 방법이 달라진다.

현재 프로그래밍 언어들은 크게 4가지 형태의 프로그래밍 패러다임 중에 하나에 포함된다. 가장 대표적인 것은 **명령형**(imperative 혹은 절차형 procedural) 패러다임이다. 많은 프로그래밍 언어들이 명령형 패러다임을 사용하는데, 그중에서 대표적인 것이 C 프로그래밍 언어이다. 명령형 패러다임은 문제를 절차적으로 해결하기 위해서 각 단계를 세분화해야 하고, 문제 해결책을 프로그래머가 일일이 명령어를 이용해서 기술해야 하는 프로그래밍 형태이다.

대부분의 명령형 패러다임은 작업 단위들을 함수(function) 혹은 프로시듀어(procedure)라는 단위로 추상화할 수 있기 때문에 문제를 함수 단위로 분석하고, 해결책도 함수 단위로 처리하는 경우가 많다. 다음은 최대 공약수(GCD)를 구하는 기능을 C 언어 함수로 작성한 예이다. 명령형 언어의 문제 해결 단위는 함수이고, 함수는 내부적으로 각 단계 작업을 진행하는 제어문들로 구성된다.

C 프로그램

```
int gcd ( int a, int b ) {
    int c ;
    while ( a != 0 ) {
        c = a ;
        a = b % a ;
        b = c ;
    }
    return b ;
}
```

명령형 패러다임과 유사한 형태로는 **객체지향(object-oriented)** 패러다임이 있다. 명령형 패러다임에서 추상화 단위가 하나의 기능(즉, 함수)인 것에 비해서 객체지향 패러다임은 객체 혹은 클래스라는 보다 추상화된 개념을 사용한다. 클래스는 일상생활에서 사용되는 사물 혹은 개념을 표현한 것이고, 이는 내부에 데이터(멤버 필드라고 함)와 함수(메소드 혹은 멤버 함수)를 포함한 것이다. 클래스들은 개념 상 포함관계에 따라 큰 개념(예를 들어, 직사각형)과 작은 개념(예를 들어, 정사각형)으로 구분할 수 있다. 이때 큰 개념을 부모 클래스, 작은 개념을 자식 클래스라고 한다. 부모와 자식 사이에는 상속 관계가 있으며, 부모 클래스에서 정의한 자료와 함수는 자식 클래스에서 재사용할 수 있다. 대표적인 객체지향 언어로는 Java, C++, C# 등이 있다. 객체지향 언어의 문제 해결 단위는 클래스인데, 클래스 내부에는 함수와 데이터가 있고, 함수 내부는 제어문들로 구성된다.

Java 프로그램

```
public class Gcd {
    public int getGcd(int a, int b) {
        int c ;
        while(a != 0) {
            c = a ;
            a = b % a ;
            b = c ;
        }
        return b ;
    }
}
```

논리형 패러다임은 수학적으로 명제와 술어논리를 기반으로 만들어졌으며, 프로그램은 사실과 규칙을 이용해서 스스로 문제를 해결할 수 있는 프로그래밍 형태이다. 논리형 언어의 대표적인 것은 Prolog 언어가 있다. Prolog 프로그램은 사실과 규칙들을 이용해서 기술하고, 질문을 통해서 원하는 기능을 수행할 수 있도록 한다. 다음 예는 Prolog 언어를 이용해서, 각 사람의 성별, 아버지 관계를 사실로 기술하고, 할아버지 관계를 규칙으로 지정한 예이다. 이러한 사실과 규칙을 작성했을 때, "모든 남자들의 이름을 찾아라", "chulsoo의 아버지를 찾아라", "yonghee의 형제(sibling)을 찾아라" 등의 질문을 처리할 수 있다.

Prolog 프로그램

```
male(youngchul).
male(chulsoo).
male(suman).

female(younghee).
female(jihee).

father(youngchul, chulsoo).
father(younghee, chulsoo).
father(chulsoo, suman).
```

```
father(jihee, suman).

grandfather(X, Z):-father(X,Y), father(Y, Z).
sibling(X, Y):-father(X, Z), father(Y, Z).
aunt(X, Y):-female(Y), father(X, Z), sibling(Z, Y).
```

함수형 패러다임은 수학적 함수를 기반으로 문제를 해결하는 방법이고, 이를 지원하는 대표적인 언어로서 Haskell, OCaml, Lisp 등이 있다. 함수형 언어는 변수에 값을 저장하지 않기 때문에 오류를 줄일 수 있고, 함수 자체를 매개 변수로 전달해서 사용할 수 있는 편리한 기능들을 제공한다. 함수형 언어의 장점들 때문에 최근에 함수형 언어의 특징을 객체지향 언어에 추가하는 경향이 있다. 예를 들어, Java 언어에도 함수형 언어의 특징을 일부 지원하고 있으며, Python 언어에도 함수형 언어의 특징을 지원한다. 다음 예는 Lisp 언어를 이용해서 최대 공약수를 구하는 프로그램을 작성한 것이다.

Lisp 프로그램

```
(define (gcd u v)
        (if (= v 0)
            u
          (gcd v (mod u v))))
```

프로그래밍 언어는 우선 목적에 따라 일반적으로 사용하는 **범용 프로그래밍 언어(general purpose programming language)**가 있고, 특정한 목적으로 사용하는 **도메인 프로그래밍 언어(domain specific programming language)**가 있다. 위에서 소개한 프로그래밍 언어들은 범용 프로그래밍 언어에 해당된다. 이에 반해서 웹 페이지를 만들기 위해서 사용하는 HTML과 데이터베이스에서 데이터를 검색하기 위해서 사용하는 SQL 등은 도메인 프로그래밍 언어에 해당된다. 특히, HTML과 SQL은 구체적으로 어떻게 동작해야 하는지 지정하지 않고, 원하는 것을 선언하는 선언적 프로그래밍(declarative programming) 언어에 해당된다. 범용 프로그래밍 언어에서도 논리적 프로그래밍 언어인 Prolog나 함수형 언어도 동작 방법을 구체적으로 기술하지 않기 때문에 선언적 프로그래밍 언어로 볼 수 있다.

0.3 프로그래밍 언어와 처리기

프로그래밍 언어는 어떻게 처리하느냐에 따라 컴파일러(compiler)형과 인터프리터(interpreter)형이 있다. **컴파일러**형은 프로그램을 작성하고, 파일에 저장해서 컴파일 단계를 거친 후에 실행 파일이 만들어지면, 이 실행 파일을 실행시킨다. 다음 그림은 컴파일러형 프로그램이 처리되는 단계를 보여준다. 이러한 프로그램의 대표적인 것은 C 언어 프로그램이 있다.

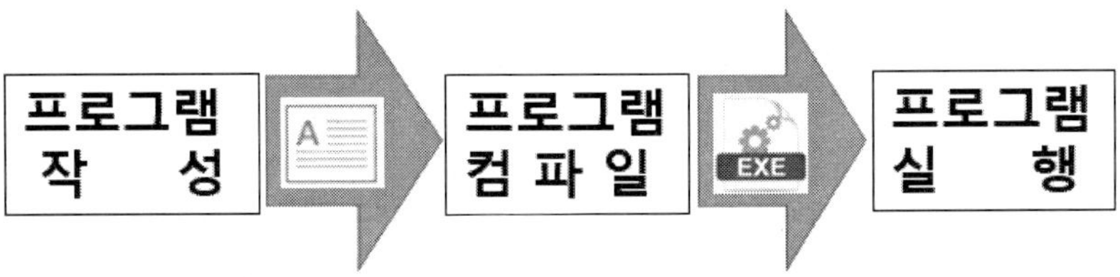

반면에 **인터프리터**형은 프로그램을 작성하면서 바로 실행할 수 있다. 물론 프로그램을 작성해서 파일에 저장할 수도 있다. 대표적인 언어로는 Python이 있다. 다음 그림은 인터프리터형 프로그램이 처리되는 단계를 보여준다.

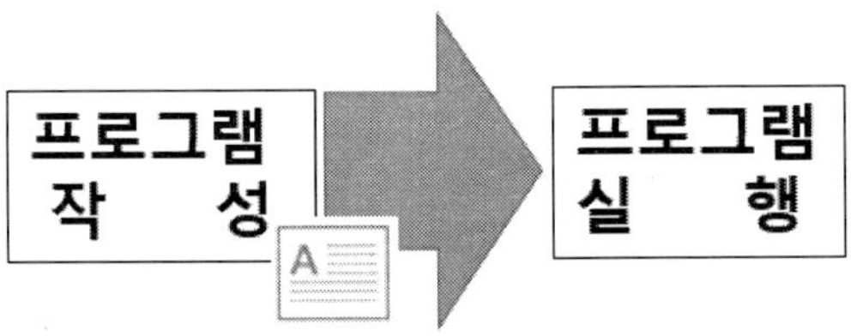

0.4 책에서 다루는 내용

컴퓨터적 사고는 기본적으로 문제를 분석하고, 컴퓨터를 이용할 수 있는 해결책을 만드는 것이다. 그러나 이것은 앞에서 배운 바와 같이 프로그래밍 패러다임에 따라 많은 차이가 있을 수 있다. 예를 들어, 논리형 패러다임을 사용하는 경우에는 사실과 규칙 중심으로 문제를 분석해야 하고, 이를 바탕으로 해결책을 만들어야 한다. 반면에 객체지향 패러다임을 사용한다면, 클래스 단위로 문제를 분석하고, 해결책을 고안해야 한다. 따라서 컴퓨터적 사고를 다루는 책들에서도 지향하는 방향에 따라서 일부 책들은 논리형 패러다임을 주로 다루기도 하고, 또 다른 책에서는 객체지향 혹은 명령형 패러다임을 주로 다루기도 한다.

이 책에서는 대부분이 쉽게 접하고 사용할 수 있는 프로그래밍 패러다임인 명령형 패러다임 방법을 기준으로 설명한다. 책 초반부에서는 순서도를 활용해서 순차적으로 생각하는 방법을 익히고, 책 후반부에서 Python과 C 언어를 이용해서 프로그램 작성하는 방법을 배운다. 이 책은 논리적이며, 순차적으로 생각하고, 문제를 해결하는 방법에 중점을 두었으며, 이를 실제로 테스트하기 위해서 Python과 C 언어를 배우는 것이지, Python이나 C 언어를 배우기 위한 책은 아니다. 그럼에도 불구하고, 기존에 프로그래밍이 어려웠던 사람들에게 이 책은 많은 도움을 줄 수 있을 것이다.

CHAPTER

순서도 개념과 순차적인 일처리

학습목표

이 장은 순서도의 개념과 순차적인 일을 순서도로 표현하는 방법을 학습한다.

1. 순서도 개념
2. 순차적인 일처리

1.1 순서도란?

컴퓨터 **프로그램**이란 **컴퓨터가 작업을 수행하도록 작성된 명령어들의 연속**으로 정의할 수 있다. 즉, 프로그램이라는 것은 컴퓨터가 작업을 진행하도록 각 절차를 명령어로 표현한 것이다. 따라서 컴퓨터는 주어진 명령어를 단계적으로 실행하면서 업무를 수행한다. 이러한 업무로는 로봇을 제어하거나, 문서를 작성하는 일, 동영상을 플레이시키는 일 등이 있다.

컴퓨터 프로그램을 작성하기 위해서는 업무를 작은 단위로 나누어서 생각하고, 이를 표현할 수 있어야 한다. 이를 위해서 수학적으로는 ***알고리듬(algorithm)***이라는 것과 이것을 그림으로 표현한 순서도(flowchart) 개념을 배우고 익힐 필요가 있다. 프로그램의 작업 절차는 수학적으로는 알고리듬(algorithm)으로 표현되는데, 알고리듬이란 **유한한 명령어 연속으로 표현되는 문제를 해결할 수 있는 효과적인 방법**을 의미한다.

순서도(flowchart)는 **일처리 절차 혹은 알고리듬(algorithm)을 표현하기 위해 사용하는 구조적인 그림**이다. 순서도에서는 작업 단계를 표현하는 직사각형과 이것을 연결하는 화살표를 활용해서 작업 순서를 표현한다. 다음 그림은 프로그램을 작성하고, 컴파일하고,

이를 실행하는 작업 단계를 순서도를 이용해서 표현한 것이다.

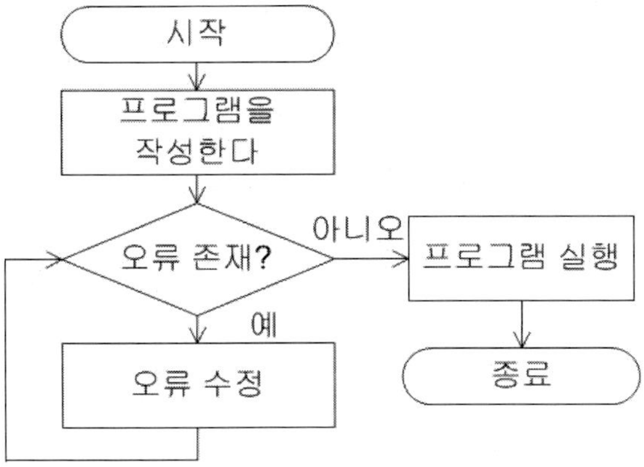

그림 1.1 프로그램 작성 및 실행 순서도

순서도는 작업 내용을 효과적으로 표현하기 위해서 그림 기호를 사용해서 표현하며, 다양한 표기법들을 갖고 있다. 하지만, 책에서는 논리적인 작업 절차를 배우고, 연습하기 위해서 순서도를 사용하기 때문에 가장 간단한 기호들만 사용할 것이고, 일부는 표준 순서도에 나오지 않는 것을 저자가 고안해서 책에서 소개한다. 다음 표 11은 순서도에서 주로 사용하는 기호들이다.

▌표 1.1▐ 순서도 기호

기호	이름	의미
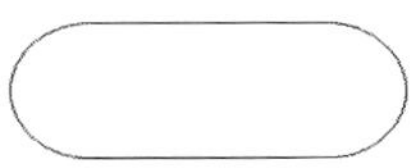	시작/종료	작업의 시작 혹은 끝을 의미
	화살표	화살표는 제어의 흐름을 표현
	처리절차	처리할 작업을 표현
	조건	참/거짓을 판단하는 조건을 의미

순서도를 작성하기 위해서는 변수라는 것을 알아보자. **변수**는 **값을 저장하기 위한 이름**을 말한다. 예를 들어, x = 2라는 식에서 x를 변수라고 하고, x 변수의 값은 2이다. 변수 이름

을 결정할 때는 다음을 고려하도록 하자.

- 변수 이름은 의미 있는 것을 사용하도록 한다. 예를 들어, 성적을 의미하는 변수를 위해서는 의미 없는 a라는 변수를 사용하기 보다는 score 혹은 "성적"이라는 변수 이름을 사용하는 것이 좋다. 이처럼 의미 있는 이름을 사용해야 다른 사람이 이해하기 쉽기 때문이다.

- 반복 횟수를 표현하기 위한 변수는 보통 i, j, k 등을 사용하는데, 책에서는 i와 j가 혼동되기 때문에 i와 k를 주로 사용한다.

순서도에서 주의 사항

- 수학에서 "="는 양변이 같음을 의미한다. 그러나 컴퓨터에서 "="의 의미는 오른쪽의 값을 왼쪽 변수에 저장한다는 뜻이다. 예를 들어, "score = 90"의 의미는 score라는 변수에 90이라는 값을 넣는다(저장한다)는 의미이다. 또한 "score = score +5"의 의미는 좌측의 score 변수에 기존의 score (우측)의 값에 5를 더한 값을 넣는다는 의미이다. 즉, score의 값이 5가 증가된다는 뜻이다.

- 순서도에서 곱하기는 " * "를 사용하고, 나누기는 "/"를 사용한다. 수학에서 곱셈기호(X)는 알파벳 X와 혼동되기 때문이고, 나눗셈 기호는 키보드 자판에서 입력하기 어렵기 때문이다.

1.2 왜 순서도는 먼저 배우나요?

문제를 잘 해결하기 위해서 혹은 프로그래밍을 잘 하기 위해서 C 혹은 Python과 같은 언어를 바로 배울 수 있지만, 순서도를 먼저 배울 것이다. 왜 프로그래밍 언어를 바로 배우지 않고, 순서도를 먼저 배우는 것일까?

프로그램을 작성하기 위해서는 절차적으로 생각할 수 있는 능력, 프로그래밍 언어 문법에 대한 이해, 영어 실력 (에러 메시지를 읽고, 이해할 수 있는 능력) 등을 필요로 한다. 처음부터 프로그래밍 언어(예를 들어, C, Python, 혹은 Java 언어)를 이용해서 프로그램 작성하는 것을 배운다면, 위의 세 가지 능력을 모두 활용해야 하기 때문에 초보자에게는 프로그램 자체가 매우 어렵게 느껴질 수 있다.

일반인들(혹은 초보 프로그래머)이 프로그램 작성을 어려워하는 가장 큰 이유는 해결해야 할 문제를 절차적으로 혹은 수학적으로 해결하는 훈련이 부족하기 때문이다. 이러한 훈련이 충분히 되어 있다면, 문제 해결책을 프로그래밍 언어로 작성하는 것은 비교적 쉽게 진행할 수 있다.

따라서 이 책에서는 순서도를 이용해서 절차적으로 생각하는 훈련을 하고, 다양한 형태의 문제와 이에 대한 해결 방법을 경험하도록 한다.

1.3 순차 순서도

순차 순서도는 가장 기본적인 형태의 순서도로서 순차적으로 해결할 수 있는 문제를 해결하기 위해서 사용할 수 있다. 또한 간단한 계산 혹은 계산식이 있는 경우에 사용할 수 있다. 순차 순서도는 앞에서 배운 순서도 기호를 사용해서 비교적 간단하게 작성할 수 있다. 다음 예제를 통해 순서도를 직접 보면서 작성 방법을 알아보도록 하자.

순서도 1-1은 기본적인 순서도 사용법과 메시지를 출력하는 print()의 사용법을 보여준다.

순서도 1-1	설명
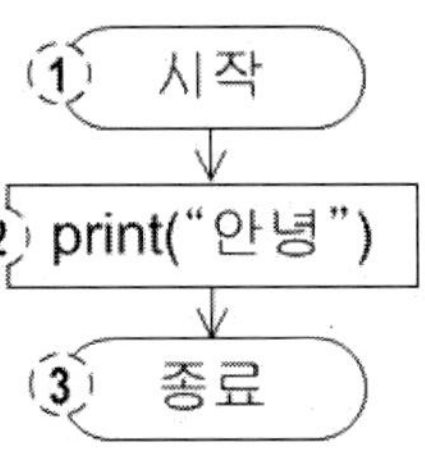	① 순서도의 시작을 의미한다. ② "안녕"이라는 글을 화면에 출력한다. **글자를 출력할 때는 인용부호("")를 사용**한다. ③ 순서도의 끝을 의미한다.

순서도 1-2는 변수의 사용법 (변수 a)과 변수에 값을 저장하는 방법, 변수 값을 출력하는 방법을 보여준다.

순서도 1-2	설명
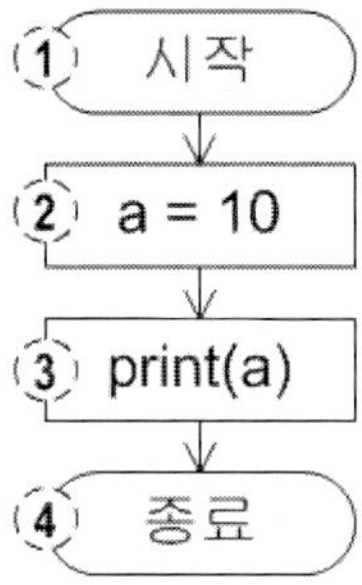	② a의 값을 10으로 저장한다. ③ a의 값(10)을 화면에 출력한다. 화면에는 **10**이 출력된다. **변수의 값을 출력할 때는 인용부호를 사용하지 않는다.**

순서도 1-3은 변수의 값을 변경하는 방법을 보여준다. 기존 변수의 값에 2를 증가시키고, 이것을 출력한다.

순서도 1-3	설명
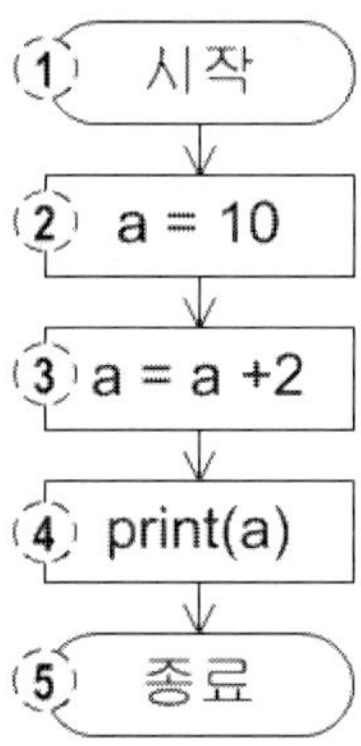	② a의 값을 10으로 지정한다. ③ a의 값을 기존 a의 값(10)에 2를 더한 값(즉, 12)로 지정한다. ④ a의 값(12)을 출력(화면에 12가 나타남)한다.

순서도 1-4는 변수의 값과 문자 출력의 차이점을 보여준다. 변수 값을 출력하기 위해서는 변수 이름만 기술하고, 문자를 출력하기 위해서는 인용부호 (“ ”)를 사용한다는 것에 주의해야 한다.

순서도 1-4	설명
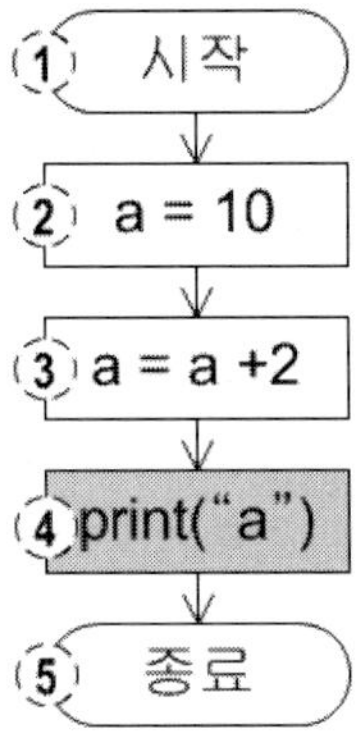	② a의 값을 10으로 저장 ③ a의 값을 10 + 2 (즉, 12)로 저장 ④ “a”라는 글자를 출력한다. (화면에 a가 나타남), **글자를 출력할 때는 인용부호(" ")를 사용**한다.

순서도 1-5는 책에서 편의상 하나의 사각형안에 여러 개의 명령을 기술한 것을 보여준다.

순서도 1-5	설명
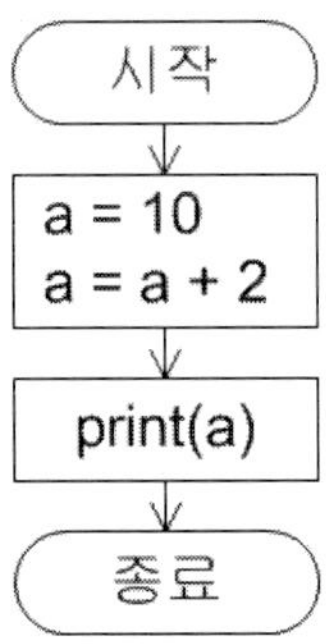	간단한 것은 사각형 하나에 여러 연산을 넣도록 허용하자. 단, 사각형 안에서 계산은 위에서 아래로 순서대로 진행한다.

사용자가 키보드를 통해서 입력한 값은 read() 명령어를 이용해서 읽을 수 있다. 원칙적으로 표준 순서도에서는 입력을 위해서 평행 사변형(▱) 기호를 이용하지만, 책에서는 편의성과 프로그래밍 언어와 매칭을 위해서 read() 명령어를 사용한다.

순서도 1-6은 키보드에서 숫자를 읽고, 이것을 변수 a에 저장하는 방법(a = read())을 보여준다.

순서도 1-6

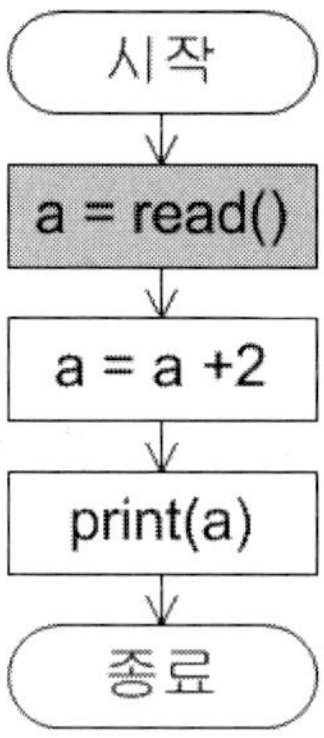

설명

a의 값을 읽고,

a의 값을 2 증가시키고,

a의 값을 출력한다.

순서도 1-7은 이름을 읽고, 인사 메시지를 출력하는 순서도이다. 순서도 1-7에서 보듯이 여러 값을 출력할 때는 print()에서 콤마를 이용해서 값들을 기술하도록 하자. 그대로 출력해야 하는 글자의 경우에는 인용부호 ("")를 사용하고, 변수의 값을 출력할 때는 변수 이름을 기술한다.

순서도 1-7

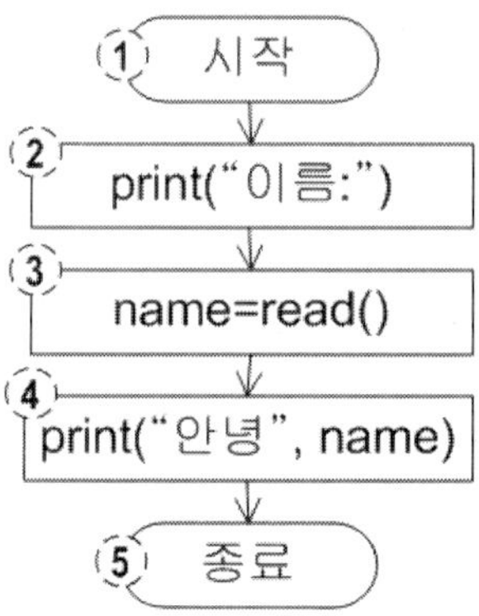

설명

② 이름을 입력하라고 출력한다.

③ 사용자가 입력한 이름을 읽는다.

④ 사용자 이름을 이용해서 인사 메시지를 출력한다.

주의 : 입력과 출력 표기법

- 책에서 사용하는 read(), print()는 표준적인 순서도 표기법에서는 사용하지 않는 것들이다. 책에서 read(), print() 등을 사용하는 이유는 향후에 배울 프로그래밍 언어 사용법과 유사하게 만듦으로써, 쉽게 프로그램을 작성할 수 있도록 하기 위함이다.

1.4 순차 순서도 연습

위에서 배운 내용을 바탕으로 다음 문제를 순서도를 이용해서 해결해보도록 하자. 문제를 해결하는 능력을 향상시키기 위해서는 연습이 필요하다. 눈으로 한번 보고 지나가지 말고, **연필을 이용해서 직접 순서도를 작성해**보는 것이 중요하다.

[규칙-1] 문제를 머릿속으로 해결하지 말고, 연필을 이용해서 직접 해결 방법을 기술한다.

[규칙-2] 문제를 해결하기 위한 수학 공식이 있으면, 이것을 사용해서 순서도를 작성한다.

문제 1

성적(score)이 80점이다. 성적을 10점 올려서 출력하는 순서도를 작성하고, 설명하라.

[힌트] score = score + 10

문제 2

성적(score)가 80점이다. 현재 성적에 10% 가산점을 붙여서 출력하는 순서도를 작성하고, 설명하라.

[힌트] score = score + score * 0.1

문제 3

사각형의 가로(width)와 세로(height)의 길이를 읽고, 사각형의 면적을 계산해서 출력하는 순서도를 작성하고, 설명하라.

[힌트] 면적 = 가로 * 세로

문제 4

반지름(r) 값을 읽고, 원의 면적을 계산해서 출력하는 순서도를 작성하고, 설명하라.

[힌트] 면적 = 3.14 * 반지름 * 반지름

문제 5

화씨온도(f)를 읽고, 이것을 섭씨온도(c)로 변환해서 출력하는 순서도를 작성하고, 설명하라.

[힌트] 섭씨온도 = (화씨온도 − 32) / 1.8

문제 6

섭씨온도(c)를 읽고, 이것을 화씨온도(f)로 변환해서 출력하는 순서도를 작성하고, 설명하라.

[힌트] 화씨온도 = 섭씨온도 * 1.8 + 32

문제 7

홍길동은 부산에서 오후 2시에 회의가 잡혀있는데, 자동차로 시속 110km 속도로 달린다면, 홍길동은 서울에서 몇 시에 출발해야 하는지 계산하는 순서도를 작성하라.

[힌트] 서울에서 부산까지 거리가 420km라고 가정한다.

CHAPTER

조건에 따라 처리하는 작업

학습목표

학습목표 : 조건에 따라 다르게 작업을 진행해야 할 때 사용하는 분기 작업에 대해서 배운다.
1. 조건에 사용될 수 있는 연산자
2. 분기 순서도

2.1 연산자를 알아보자

1장 순서도에서 간단한 산술 연산(+, -, *, /)을 사용해보았다. 이곳에서는 그 외에 많이 사용되는 연산자들을 알아보도록 하자.

2.1.1 산술 연산자

산술 연산자는 숫자에 대해서 사칙연산을 적용하기 위해서 사용하는 연산자이다. 산술 연산자는 음수와 양수를 표현하기 위한 단항 연산자와 사칙연산 계산을 위한 이항 연산자로 구별할 수 있다.

분류 : 산술 연산자 분류

단항 연산자: + −
이항 연산자: + − * / %

%는 나머지 값을 파악하기 위해서 사용하는 연산자이다. 예를 들어, 5 % 2를 계산한 값은 1이다. 6 % 2의 계산 결과는 6을 2로 나눈 나머지인 0이다.

2.1.2 관계 연산자

작다, 크다 등의 관계를 나타내는 연산자로서 조건이 맞으면 연산의 결과는 **참**이고, 조건이 맞지 않으면 연산의 결과는 **거짓**이다. 다음 예는 관계 연산자의 사용법과 의미를 보여준다. 같은가(==), 같지 않은가(!=)를 물어보는 연산자 형태에 주의하라.

예 : 관계 연산자

```
x == y          /* x와 y 값이 같으면 참          */
x != y          /* x와 y 값이 같지 않으면 참     */
x > y           /* x가 y보다 크면 참             */
x >= y          /* x가 y보다 크거나 같으면 참    */
x < y           /* x가 y보다 작으면 참           */
x <= y          /* x가 y보다 작거나 같으면 참    */
```

2.1.3 논리 연산자

논리 연산자는 참 혹은 거짓을 이용해서 계산을 수행하고, 다시 **참** 혹은 **거짓**을 결과로 만들어내는 연산자이다. 이러한 계산을 수행하는 연산자로는 AND(&&), OR(||), NOT(!)이 있다.

형태 : 논리 연산자

```
&&   ||   !
```

다음 예는 논리 연산자를 사용하는 방법과 의미를 보여준다.

예 : 논리 연산자

```
x && y   /* x와 y 값이 모두 참인 경우에 참, 아니면 거짓 */
x || y   /* x나 y값이 하나라도 참이면 참, x와 y가 모두 거짓이면 거짓 */
!x       /* x의 값이 참이면 거짓, x가 거짓이면 참 */
```

2.2 분기 순서도

분기 순서도는 조건을 주고, 조건에 맞는 경우와 그렇지 않은 경우에 각각 다른 작업을 수행할 수 있도록 되어 있는 순서도를 의미한다. 순서도에서 조건을 기술하기 위해서 다이아몬드 기호를 사용한다. 조건의 만족 여부는 화살표에 Yes/No 혹은 참/거짓으로 표기한다. 다음 예제를 통해서 순서도를 직접 보면서 작성 방법을 알아보도록 하자.

순서도 2-1은 n의 값이 0이면 "영"이라고 출력하는 순서도이다.

순서도 2-1	설명
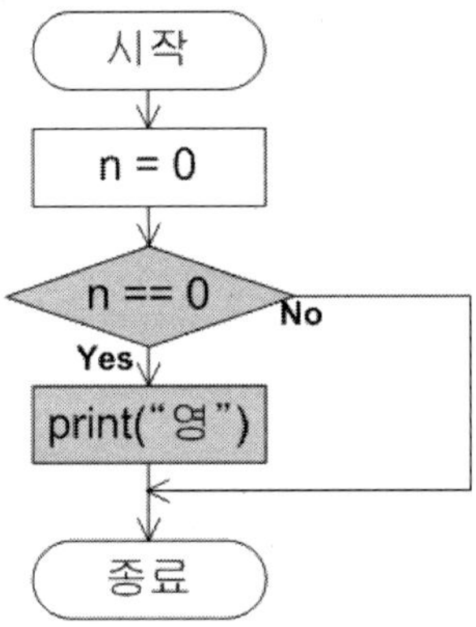	n의 값이 0 이면, "영"이라고 출력

순서도 2-2는 n을 읽고, n이 짝수인지 홀수인지를 알아보는 순서도이다. 짝수는 2로 나눠서 나머지가 0인 것에 착안하여 % 연산자를 사용한다.

순서도 2-2	설명
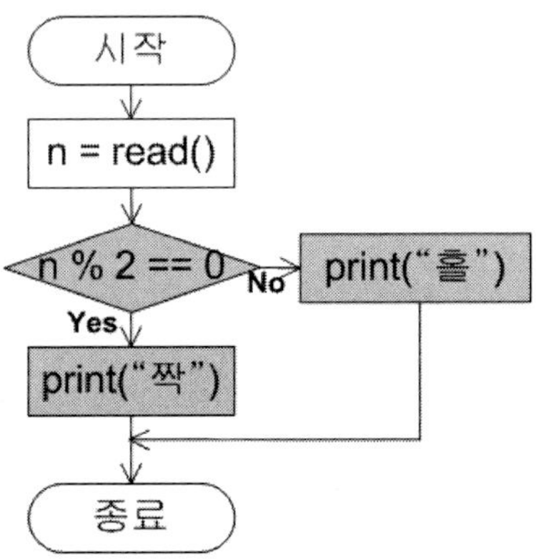	n이 2로 나눠서 나머지가 0이면, "짝"을 출력하고, 그렇지 않으면 "홀"을 출력

순서도 2-3은 숫자 n을 읽고, 3으로 나눠서 나머지가 0인 경우에는 A, 나머지가 1인 경우에는 B, 나머지가 2인 경우에는 C를 출력하는 것이다. 하나 이상 물어봐서 판단하는 경우에는 조건을 연속해서 사용할 수 있다.

순서도 2-3	설명
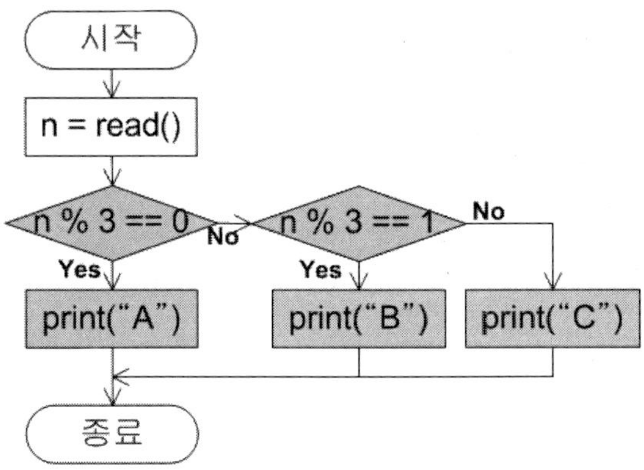	숫자 n이 3으로 나눠서 나머지가 0이 아니면, 나머지가 1인지 다시 판별한다. 나머지가 2인 경우는 더 이상 조건을 확인할 필요가 없기 때문에 No에서 바로 print("C")로 간다.

규칙 3 : 변수를 도입해서 경우의 수를 최소화하기

- 순서도 2-4는 세 개의 숫자, a, b, c에서 가장 큰 숫자를 max 변수에 저장하는 방법을 보여준다. 세 개의 숫자를 비교하기 위해서는 a와 b 비교, a와 c 비교, b와 c 비교를 해야 한다. a와 b를 비교해서 a가 큰 경우, 혹은 b가 큰 경우 등을 분류해서 처리하려면, 복잡하다. 따라서 이러한 경우에는 큰 값을 저장하기 위한 max라는 변수를 하나 도입해서 문제를 좀 더 단순화 시킬 수 있다. 숫자 하나를 먼저 max에 저장하고, max와 다른 숫자를 비교해서 최대값을 찾는 방법을 유의해서 보기 바란다.

순서도 2-4	설명
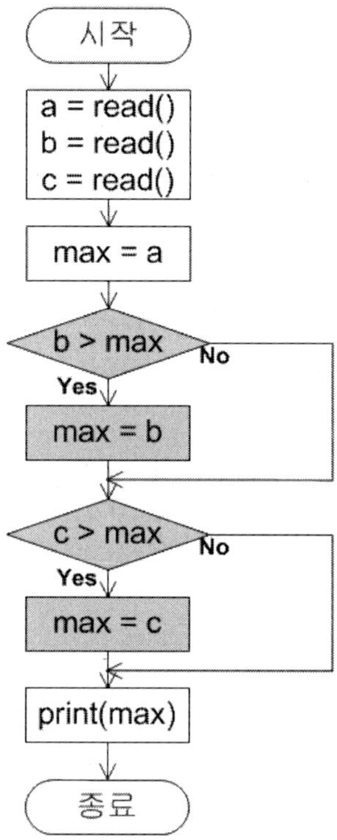	숫자 a, b, c를 읽고, max의 값을 a로 지정 b가 max보다 크면, max를 b 값으로 저장 c가 max보다 크면, max를 c 값으로 저장 max 값 출력

2.3 상태에 따라 변경

컴퓨터 소프트웨어나 하드웨어에서 현재 상태에 따라 입력이 의미하는 것이 달라질 수 있는데, 이것을 그림으로 그린 것을 상태전이도(state transition diagram)라고 한다.

다음 그림은 핸드폰에서 소리 모드와 진동 모드를 상태도로 표현한 것이다. 핸드폰은 두 개의 상태(소리 모드, 진동 모드)가 있으며, 모드 전환을 통해서 상태가 변경된다. 상태에 따라서 전화 알림은 다른 방식으로 동작해야 한다. 즉, 소리 모드 상태에서는 소리로 알려야 하고, 진동 모드 상태에서는 진동을 통해서 전화가 온 것을 알려야 한다. 즉, 유사한 작업(혹은 의미적으로 동일한 작업)이라도 상태에 따라서 다른 작업을 진행해야 한다.

상태전이도를 사용하는 경우에는 상태를 **표현하기 위한 변수(순서도 2-5에서 mode 변수)가 필요**하며, 입력 값과 상태 값을 이용해서 수행할 작업들 및 새로운 상태가 결정된다.

<table>
<tr><th>개념도</th><th>순서도 2-5</th><th>설명</th></tr>
<tr>
<td>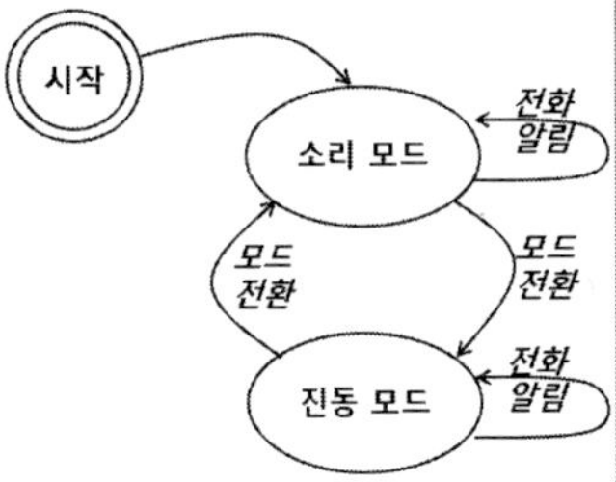
</td>
<td>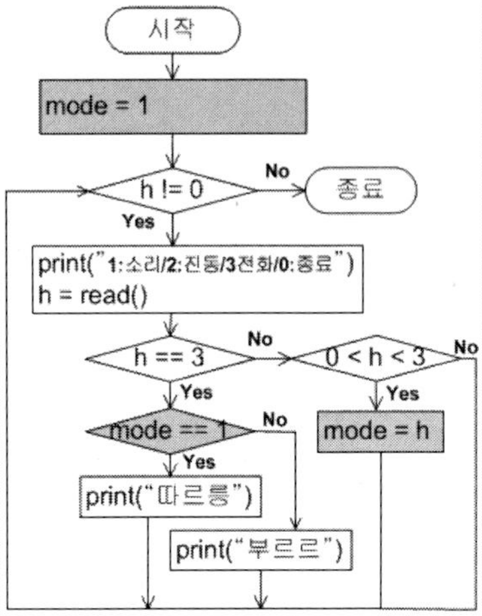
</td>
<td>소리 모드(mode 값이 1)와 진동 모드(mode 값이 2)에 따라 전화가 왔을 때 동작 방법이 다르다. 이처럼 상태에 따라 다른 동작을 진행해야 하는 경우에 상태를 표현하기 위한 변수(mode)를 도입한다.</td>
</tr>
</table>

2.4 분기 순서도 연습

위에서 배운 내용을 바탕으로 다음 문제를 순서도를 이용해서 해결해보도록 하자.

문제 1

읽은 숫자를 절대값으로 만드는 순서도를 작성하고, 설명하라.

[힌트] 읽은 숫자가 음수이면, – 연산자를 이용해서 양수로 만듦

문제 2

주민등록번호 뒷부분에서 첫 번째 숫자는 성별을 구별하기 위해 사용된다. 1과 3은 남자를 의미하고, 2와 4는 여자를 의미한다. 1~4 사이의 숫자를 하나 읽고, 남자인지 여자인지를 파악해서, "남" 혹은 "여"를 출력하는 순서도를 작성하고, 설명하라.

[힌트] 관계 연산자와 논리 연산자를 사용

문제 3

문제 2에서 1~4 사이의 숫자 이외에 다른 숫자도 입력할 가능성이 있다고 가정하자. 이때 1~4 사이의 숫자가 아닌 경우에는 "입력 에러"라는 메시지를 출력하는 순서도를 작성하고, 설명하라.

문제 4

한 자리 숫자(1~9)를 읽어서 영어로 변경하는 순서도를 작성하라. 예를 들어, 1을 읽으면, "one"을 출력한다.

문제 5

성적(s)을 입력받고, 성적에 따라 A(90점 이상), B(80점 이상), C(70점 이상), D(60점 이상), F(60점 미만)를 출력하는 순서도를 작성하고, 설명하라.

[힌트] 60점 미만인지 여부를 비교해서 물어볼 필요는 없음

문제 6

20~99 사이의 숫자를 읽고, 이것을 영어로 출력하는 순서도를 작성하라. 예를 들어, 21을 입력하면, "twenty one"이 출력된다.

[힌트] 읽은 숫자를 10으로 나눠서 몫과 나머지를 분리해서 처리함

CHAPTER

반복적으로 수행하는 작업

학습목표

이 장은 조건이 만족되는 한 반복적으로 작업을 수행하는 반복 순서도를 배우고, 이를 활용해서 간단한 문제들을 해결하는 방법을 학습할 것이다.

1. 반복 순서도
2. 반복 순서도를 활용한 문제 해결

3.1 반복 순서도

반복 순서도는 반복적인 작업을 표현하기 위해서 사용하는데, 반복 작업의 가장 대표적인 것이 구구단을 출력하는 것이다. 그림 3-1과 같이 구구단 2단을 출력하는 것을 살펴보자. 그림에서 볼 수 있듯이 반복 작업에서는 **공통된 부분**과 **변경되는 부분**으로 구성된다. 즉, 동일한 계산 방식과 변경되는 부분이 결합되어 있는 형태이다. 일반적으로 공통된 부분을 반복 작업 내부에 기술하고, 변경되는 부분을 변수 형태로 기술한다. 이 내용은 뒷부분에서 구체적인 순서도를 예를 들어서 살펴보도록 하자.

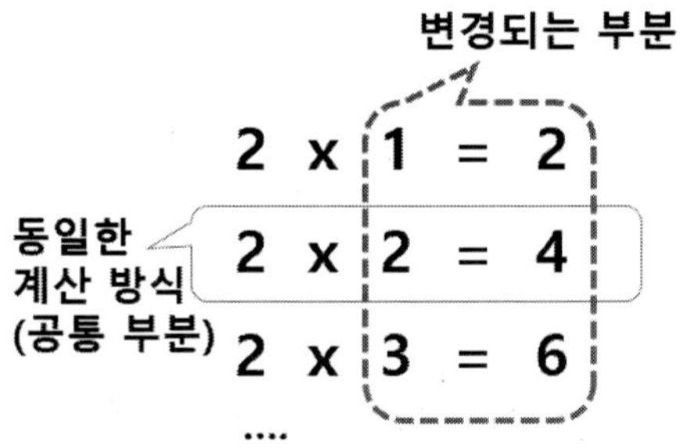

그림 3.1 반복 작업에서 공통과 변이

반복 작업을 기술하기 위해서 반복 순서도를 사용해야 한다. 반복 순서도는 조건을 만족하는 동안에 일정 작업을 계속 반복하는 순서도를 의미하며, 조건과 되돌아오는 화살표를 이용해서 반복을 기술한다. 즉, 조건을 만족시키면 (혹은 만족시키지 못하면) 이전으로 되돌아가는 화살표가 필요하다. 반복 순서도는 다음 표 3.1과 같이 두 가지 형태가 존재하는데, 일반적으로 ①번 방법을 더 많이 사용한다.

▌표 3.1▌ 반복 순서도 형태

반복 순서도 형태		설명
① 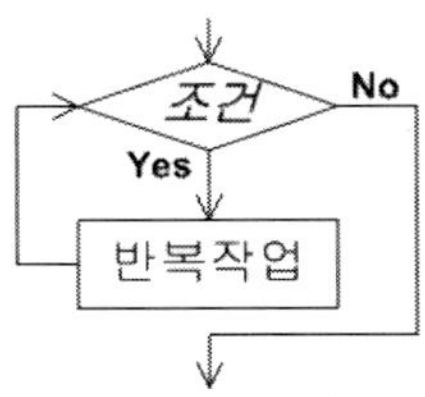	② 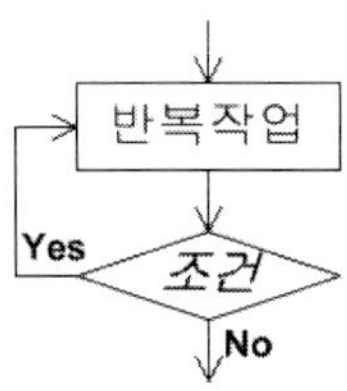	반복 순서도는 ①번과 ②번의 두 가지 형태가 있지만, ①번 형태를 주로 사용함. ①번은 조건이 만족되지 않는 경우에 한번도 수행되지 않을 수 있지만, ②번은 최소 1번 이상 수행된다.

반복 순서도는 일반적으로 크게 네 개 부분으로 구성되어 있다. 반복에 관련된 문제를 해결하기 어렵다면, 이 네 개 부분을 하나씩 파악하면 문제를 쉽게 해결할 수 있다.

① **변수 값 초기화 :** 반복 조건 검사를 위해서 필요한 변수를 파악하고, 이 변수를 적절한 값으로 초기화한다.

② **반복 조건 검사 :** 반복을 진행할 것인지 여부를 판단하기 위한 조건 검사를 실시한다. 조건이 참인 경우에 반복 작업을 실시한다.

③ **반복 작업 :** 반복적으로 진행할 작업

④ **변수 값의 변화 :** 반복 조건 검사를 위한 변수의 값을 변화시킨다. 변수의 값을 증가/감소시키거나, 새로운 값을 읽는 등의 작업을 한다.

3.2 반복 순서도 1 : 반복 횟수가 지정된 경우

다음과 같이 1~10까지 숫자를 출력하는 문제를 생각해보자. 이 경우에 공통적인 부분과 변경되는 부분을 구분할 수 있는데, 변경되는 부분은 변수(예를 들어, k)를 두고, k의 값이 1부터 10까지 변경되도록 한다.

문제 : 순서도 3-1	설명
1부터 10까지 숫자를 출력하라.	1. 공통 부분: 숫자를 출력한다. 2. 변이 부분: 1~10까지 변경되는 숫자

다음의 순서도 3-1은 위의 문제에 대한 순서도를 보여준다. 이처럼 반복 횟수가 결정된 경우에는 반복 횟수를 관리하기 위한 변수 (순서도 3-1에서는 변수 k)가 필요하다. 변수 k는 초기 값 1로 초기화하고, 반복 조건 (k가 10까지, 즉, k < 11)이 만족되는 동안 반복되는 작업(순서도 3-1의 경우에는 k의 값을 출력)을 수행한다. 순서도 3-1에서 반복 순서도의 네 가지 구성 요소가 어떤 부분에 해당되는지 살펴보기 바란다.

순서도 3-1	설명
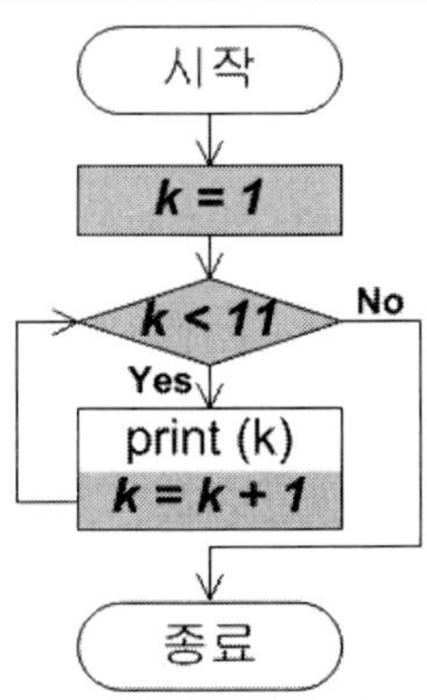	k의 초기값은 1 (①번에 해당) k의 값이 11보다 작으면, (②번에 해당) k의 값을 출력 (③번에 해당) k를 하나 증가시킴 (④번에 해당)

규칙 4 : 반복 횟수가 결정된 경우

- 반복 횟수가 결정된 경우에는 횟수를 세기 위한 변수(예를 들어, k)를 만들어 사용한다.

규칙 5 : 필요한 변수 파악

- 문제를 해결하기 위해서 필요한 변수를 모두 파악하는 것이 필요하다. 변수를 파악할 수 있으면, 문제를 보다 쉽게 해결할 수 있다. 또한 변수 이름은 가급적 의미있는 것을 사용하는 것이 필요하다. 순서도 3-2에서 변수 s는 합을 의미하는 sum을 줄여서 쓴 것이다.

순서도 3-1과 유사하지만, 약간 다른 유형의 문제를 알아보자. 새로운 문제는 다음과 같이 1부터 10까지 숫자를 모두 더하는 것이다. 이 문제는 순서도 3-1과 매우 유사하지만, 차이점은 숫자를 더해서 저장할 변수가 하나 더 필요하다는데 있다. 이 변수를 s라고 지정하면, s에는 더한 값을 축적할 필요가 있고, 이를 위해서는 초기값을 0으로 설정할 필요가 있다.

문제 : 순서도 3-2	설명
1부터 10까지 숫자를 모두 더하라.	1. 공통 부분: 숫자를 축적해서 더한다. 2. 변이 부분: 1~10까지 변경되는 숫자

다음 순서도 3-2는 1부터 10까지 숫자를 더하는 작업을 순서도로 표현한 것이다. 이 경우에도 반복 횟수가 결정되었기 때문에 이를 표현하기 위한 변수 k가 필요하고, 숫자의 합을 표현하기 위한 변수 s가 필요하다. 반복 작업으로는 s의 값에 k의 값을 더해서 누적하고, k의 값을 하나 증가시킨다.

<table>
<tr><th>순서도 3-2</th><th>설명</th></tr>
<tr><td>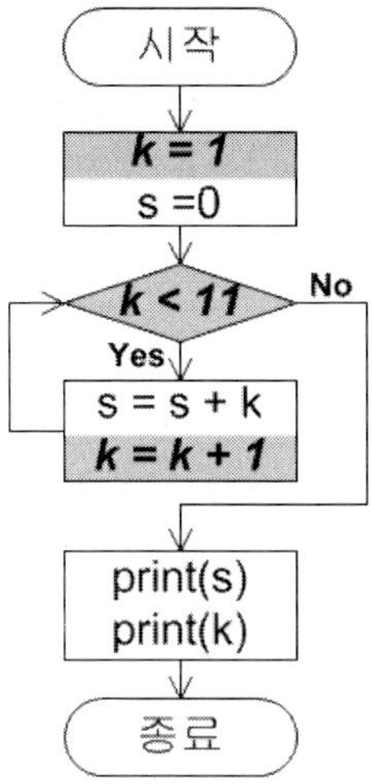
</td><td>k의 초기값은 1 (①번에 해당)
s의 초기값은 0

k의 값이 11보다 작으면, (②번에 해당)
k의 값을 s에 추가하고, (③번에 해당)
k를 하나 증가시킴 (④번에 해당)

s와 k의 값을 출력</td></tr>
</table>

3.3 반복 순서도 2: 반복 횟수가 지정되지 않은 경우

반복에서 반복 횟수가 결정되어 있지 않고, 어떤 동적인 값에 의해서 결정되는 경우가 있다. 이처럼 반복 횟수가 미리 지정되지 않은 경우에는 반복을 표현하기 위한 변수 (예를 들어, 순서도 3-1과 3-2에서 변수 k)가 필요 없다. 이러한 문제는 일반적으로 다음과 같은 유형으로 기술된다.

문제 : 순서도 3-3	설명
입력 값이 −1이 될 때까지 값을 읽어서 출력하라.	1. 공통 부분 : - 값을 읽는다. - 값을 출력한다. 2. 변이 부분 : 읽은 값

규칙 6 : 반복 조건이 별도로 있는 경우

- 반복 횟수가 없고, 별도의 반복 조건이 있는 경우에는 조건을 만족시키는 식을 만들어 사용한다.

다음 순서도 3-3은 위의 문제를 해결하기 위한 순서도이다. 반복 횟수가 지정되지 않은 경우에도 반복 순서도의 네 가지 구성 요소는 존재한다.

순서도 3-3	설명
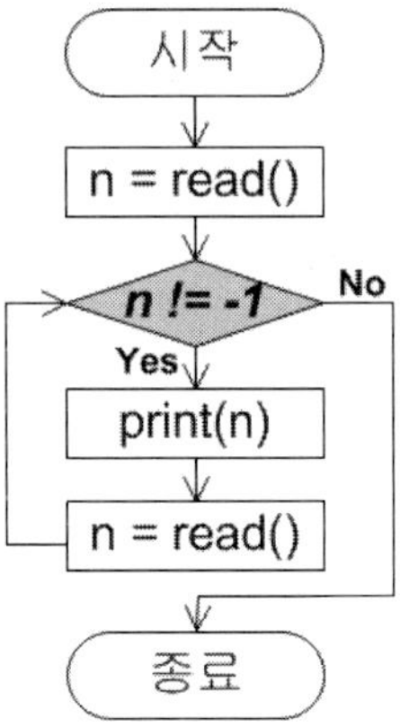	n을 읽는다. (①번에 해당) n의 값이 −1이 아니면, (②번에 해당) n의 값을 출력하고, (③번에 해당) 새로 n을 읽는다. (④번에 해당)

3.4 반복 순서도 연습

앞에서 배운 내용을 바탕으로 다음 문제를 순서도를 이용해서 해결해보도록 하자.

문제 1

2 ~ 100까지 숫자 중에서 짝수만 더하는 순서도를 작성하고, 설명하라.

[힌트] 2부터 2씩 증가

문제 2

구구단 중에서 5단을 출력하는 순서도를 작성하고, 설명하라.

문제 3

30명의 학생 성적을 읽고, 읽은 값을 출력하는 순서도를 작성하고, 설명하라.

문제 4

30명의 학생 성적을 읽고, 평균을 구하는 순서도를 작성하라.

[힌트] 30명의 성적을 읽고, 합해서 30으로 나눔, 순서도 3-2 참조

문제 5

학생 성적을 읽고, 평균을 구하는 순서도를 작성하라. 단, 성적 입력이 −1인 경우에 성적 입력이 완료된 것을 의미한다.

[힌트] 순서도 3-3 적용

문제 6

숫자 127이 소수인지 알아보는 순서도를 작성하고, 설명하라.

[힌트] 127을 2부터 126까지 숫자로 나눠서 나머지가 0이면 소수가 아님. 나머지를 알아보는 연산자는 %

문제 7

숫자 N을 읽고, 이것이 소수인지 알아보는 순서도를 작성하고, 설명하라.

[힌트] 문제 6번 참조

CHAPTER

복합 순서도를 활용한 논리적인 문제 해결 연습

학습목표

이 장에서는 앞에서 배운 순차, 조건, 반복 순서도를 결합해서 활용하는 방법을 학습할 것이다.

1. 하향식 접근으로 문제를 단순화하는 방법
2. 순차, 조건, 반복을 결합해서 문제를 해결하는 요령

4.1 하향식 접근과 문제의 구조화

3장에서 반복 순서도를 배우면서, 반복 순서도의 네 가지 구성요소뿐만 아니라 반복 작업은 공통된 부분과 변경되는 부분이 있다는 것을 알아보았다. 반복 순서도는 순서도에서 여러 번 기술해야 할 것을 짧고, 단순하게 표현하는 방법을 제공한다.

표 4-1은 구구단에서 2단을 출력하는 순서도를 순차 순서도로 표현한 것과 반복 순서도를 이용해서 표현한 것이다. 만약 구구단 전체를 순차 순서도로 표현한다면, 순서도를 매우 길게 작성해야 하는데, 반복 순서도를 사용하면 보다 간결하게 표현할 수 있다. 이처럼 반복 순서도는 **반복되는 작업을 구조화하고, 일반화함**으로써 반복 횟수가 매우 많은 경우에도 문제를 해결할 수 있다는 장점을 갖고 있다.

▌표 4.1▐ "반복되는 순차 작업"을 "반복"으로 구조화

순차 순서도 표기	반복 순서도 표기

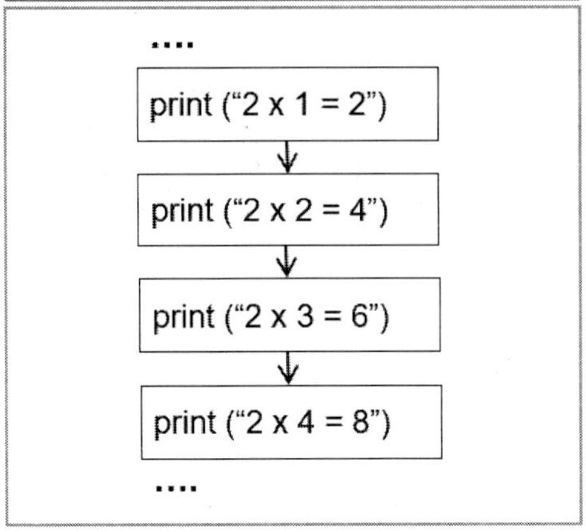

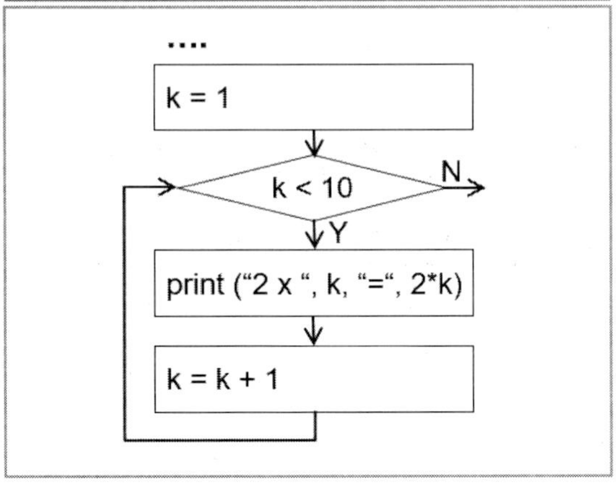

반복 작업을 조금 더 알아보도록 하자. 3장에서 배운 반복 작업은 단순한 형태들로 구성되어 있는데, 이제 이 반복 작업 내부에 선택을 해야 하는 분기나 다른 반복 작업이 포함된 문제들을 살펴보자. 예를 들어, "50명의 학생의 성적을 읽어서 합격과 불합격을 판별하라", "100개의 숫자를 읽고, 3의 배수만 합하라" 등의 문제는 반복 작업이 조금 더 복잡해진 형태이다. 위와 같은 문제가 있을 때 이것을 "50명의 학생 성적을 읽어서 처리한다"와 "100개의 숫자를 읽어서 처리한다"라는 문제로 변경하면, 표 4-2에서 큰 그림(① 번) 순서도로 표현할 수 있을 것이다.

▌표 4.2▐ 구조적 순서도 작성 단계

큰 그림(①)	작은 작업 구체화(②)	결합(③)

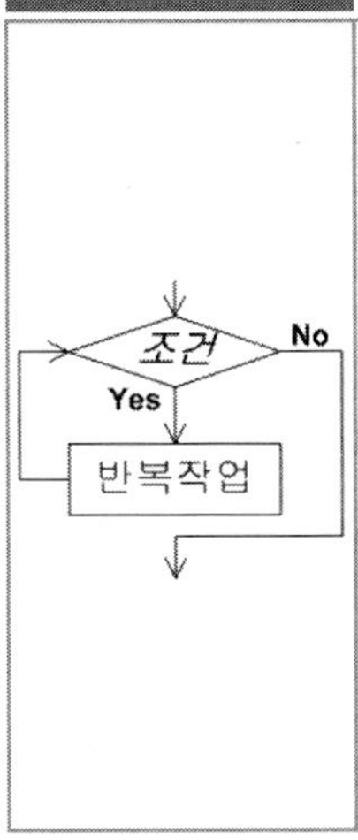

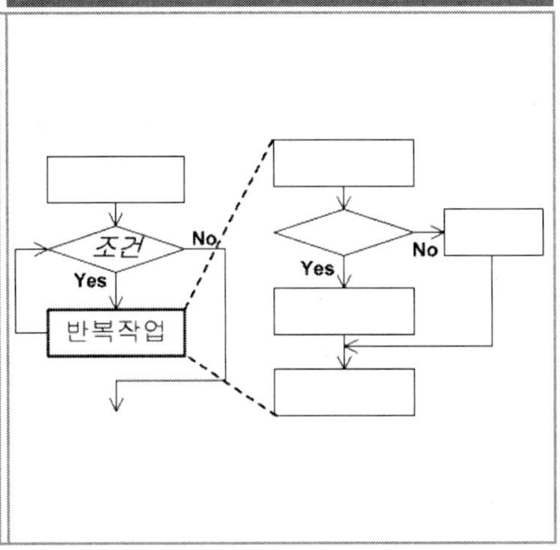

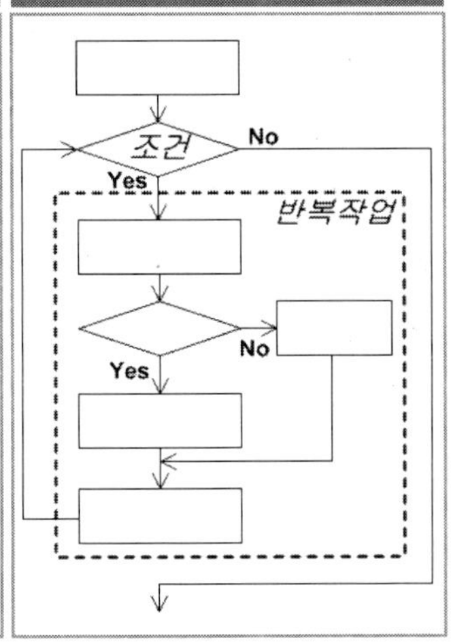

다음에 "처리한다"라는 작은 작업을 분기 순서도로 표현하면 ②번 단계 순서도로 표현할 수 있다. 마지막으로 큰 작업과 작은 작업을 결합하면 ③번 단계 순서도로 표현할 수 있다. 이처럼 문제를 체계적으로 해결하려고 하면, 문제를 구조적으로 표현할 수 있다. 이때 주의할 점은 문제를 **하향식(top-down) 방법으로 큰 것을 먼저 생각하고, 작은 것은 점진적으로 생각**해야 한다. 한 번에 모든 것을 해결하려고 생각하면, 복잡해서 문제를 해결하기 어렵기 때문에 큰 것을 생각하고, 세부적인 것은 나중에 생각하는 훈련을 의도적으로 해야 한다.

규칙 7 : 큰 것을 먼저 생각하고, 작은 것은 나중에

- 문제가 복잡한 경우에는 큰 것을 먼저 생각하고, 세부적인 것은 나중에 생각하도록 한다.

※ **참고** : 순서도를 구조적으로 표현하기 위해서 반복문에서 No 부분은 오른쪽 화살표로 표현하고, Yes 부분은 아래쪽 화살표로 규칙적으로 그리는 것이 좋다.

4.2 복합 순서도

복합 순서도는 반복과 분기, 반복 안에 반복 등 다양한 형태의 순서도가 복합되어 있는 형태를 의미한다. 순서도가 복잡해지면, 이를 구조적 혹은 체계적으로 작성하도록 노력해야 문제를 쉽게 해결할 수 있고, 문제의 복잡성을 해결할 수 있다. 순서도를 구조적으로 작성한다는 의미는 큰 작업을 먼저 생각해서 처리하고, 작은 작업은 나중에 점진적으로 해결한다는 의미이다.

다음 순서도 4-1은 구구단을 출력하는 순서도를 구조적으로 해결하는 방법을 보여준다. 구구단은 두 개의 반복 순서도를 사용해서 문제를 해결한다.

<table>
<tr><th>순서도 4-1</th><th>설명</th></tr>
<tr><td>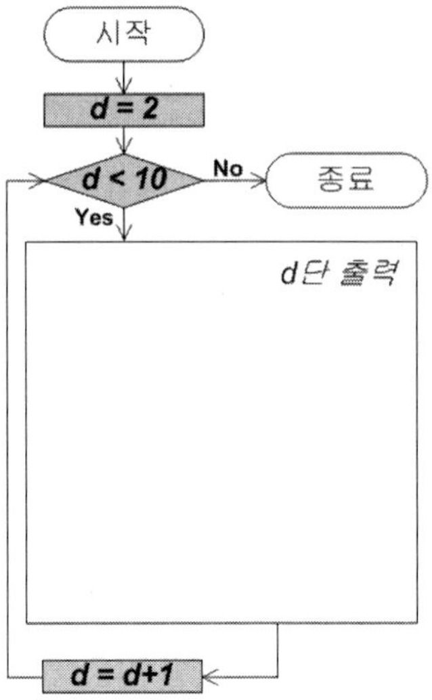
</td><td>d는 단을 의미하고, 2부터 시작

d의 값이 10보다 작을 때까지 반복
(즉, 2단부터 9단까지)
d단 출력

d의 값을 하나 증가시킴</td></tr>
<tr><td>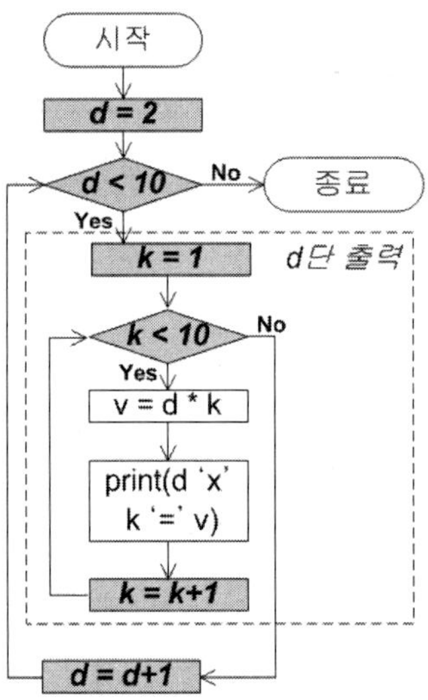
</td><td>d단 출력에서
k의 값은 1

k의 값이 10보다 작을 때까지 반복

v = d * k
d단의 k 항 출력
(즉, 5 x 3 = 15 형태로 출력)

하나 증가시킴</td></tr>
</table>

4.3 복합 순서도 연습

앞에서 배운 내용을 바탕으로 다음 문제를 순서도를 이용해서 해결해보도록 하자.

문제 1

2 ~ 100까지 숫자 중에서 소수를 모두 출력하는 순서도를 작성하라.

[힌트] 반복 : 2 ~ 100
작은 작업 : 숫자 N의 소수 여부 판별, 3장 문제 7번 참조

문제 2

2 부터 시작해서 소수 50개를 출력하는 순서도를 작성하라.

문제 3

1+2+4+7+11+16... 형태로 증가하는 순열에서 처음 15개 항을 계산해서 결과를 출력하는 순서도를 작성하라.

문제 4

1분에 10cm 올라가고, 6cm 떨어지는 달팽이가 5m 벽을 올라가는 시간을 구하는 순서도를 작성하라.

[힌트] 벽에 다 올라가면 떨어지지 않는다.

문제 5

숫자 50개를 읽고, 최대값을 파악해서 출력하는 순서도를 작성하라.

[힌트] 순서도 2-4 참조

문제 6

점수를 읽고, 최대값, 최소값, 평균을 파악해서 출력하는 순서도를 작성하라. 단, -1이 입력되면, 점수 입력은 종료된다.

[힌트] 순서도 3-3 참조. 문제 3-5 참조

CHAPTER

작업을 분해하자

학습목표

이 장은 작업을 분해해서 별도의 순서도로 만드는 방법을 학습할 것이다.

1. 작업 분해 개념
2. 작업 분해 순서도 작성 요령

5.1 추상화와 작업 분해

3장과 4장에서 순차 작업이 반복적으로 사용되는 경우에 반복 순서도를 이용해서 처리하는 방법을 알아보았다. 반복 작업에서 공통된 작업을 진행하는 부분과 반복을 통해서 변하는 부분으로 구성된다.

순서도를 이용해서 작업을 기술할 때 업무량이 많아지면, 이를 여러 장의 종이에 표기해야 한다. 이때 반복적으로 많이 사용되는 작업이 있다면, 해당되는 작업을 기술한 종이는 매번 새로 작성하지 않고, 만들어진 것을 재사용할 수 있을 것이다. 작업을 재사용하기 위해서는 작업 이름이 있어야 하고, 사용할 때 마다 변경되어야 하는 부분이 있어야 한다. 즉, 별도의 작업은 **이름**이 있고, **공통된 작업**이 있으며, 사용할 때마다 **변경되는 부분**이 있게 된다.

작업을 분리할 때는 그 작업이 **한 가지 일만 딱 떨어지게 진행할 수 있도록 분리하는 것이 중요**하다. 즉, 해당되는 부분만 따로 떼어놔도 이해할 수 있고, 전달되는 값을 제외하고는 외부와 연결되지 않도록 해야 한다. 이러한 규칙을 잘 지키도록 만들어진 작업은 **응집도**

(cohesion)**가 높다**고 한다. 또한 작업 이름은 이름만 들어도 작업의 내용을 이해할 수 있도록 **의미있는 이름**을 붙이는 것도 중요하다.

컴퓨터 프로그래밍에서 **추상화(abstraction)**란 내부의 구체적인 내용을 숨기고 가장 중요한 특징 혹은 기능을 기술하는 것을 의미한다. 작업을 분해해서 별도의 종이에 기술하고, 추후에 이름을 이용해서 재사용하는 것은 추상화와 관련이 있다. 즉, 재사용할 때 구체적인 내용을 다시 작성하는 것이 아니라, 이름만 이용해서 재활용하기 때문이다.

5.2 작업 분해 순서도

작업 분해를 통해서 분리된 작업은 표 5-1에서 볼 수 있듯이 네 가지 형태로 구분할 수 있다. **형태 1**은 분리된 작업을 독립적으로 일을 수행하고, 끝나는 경우이다. **형태 2**는 작업을 시작하기 위해서 전달받는 값이 있어야 하고, 작업 후에 결과에 대해서 보고하지 않는 경우이다. **형태 3**은 전달받는 값은 없지만, 작업 결과를 보고해야 하는 경우이다. **형태 4**는 가장 일반적인 것으로 작업을 위해서 값을 전달받고, 작업 결과를 보고해야 하는 것이다. 표 5-1처럼 분리된 작업을 **함수(function)**이라고 하고, 작업명을 **함수 이름**, 전달값을 **매개변수**, 결과값을 **리턴값**이라고 한다.

▌표 5.1▌ **분리된 작업 형태**

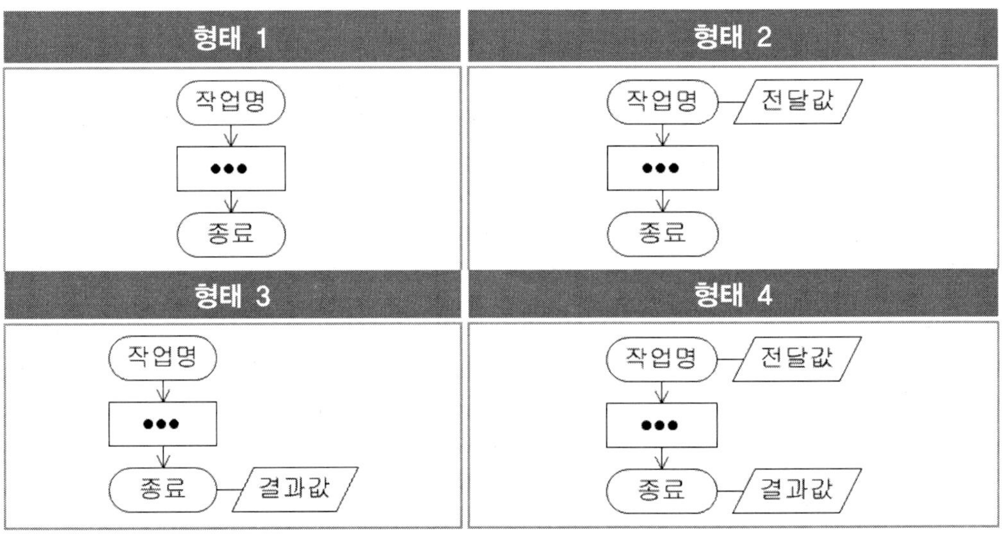

두 개의 숫자를 읽고, 합한 값을 출력하는 작업을 생각해보자. 이 작업은 단순하기 때문

에 순차 순서도만으로도 처리할 수 있지만, 이곳에서는 작업을 분해하는 방법을 알아보도록 하자. 어떤 작업을 별도로 분리할 것인가는 다분히 주관적일 수 있고, 처음에는 어렵게 생각되지만, 프로그래밍이 익숙해지면 분리할 작업들을 쉽게 찾아낼 수 있다. 두 개의 숫자를 더하는 작업을 별도로 분리한다고 생각해보자. 이 작업은 다음과 같이 공통된 부분과 변하는 부분으로 구분할 수 있다.

문제 : 순서도 5-1	설명
두 개의 숫자를 더해서 결과를 돌려준다.	1. 공통 부분 : 숫자를 더하는 작업 2. 변이 부분 : 전달되는 숫자

두 개의 숫자를 받아서 결과를 돌려주는 작업의 이름을 add라고 하자. add는 작업 내용상 형태 4에 해당된다. 즉, 두 개의 숫자(예를 들어, a와 b)를 전달받고, 숫자를 더한 결과 값(sum)을 돌려준다. 순서도 5-1은 두 개의 숫자를 전달받아서 합을 구하고, 종료 시에 값을 반환하는 add라는 작업과 add를 사용하는 방법을 보여준다. 순서도 5-1에서 하단에 있는 순서도에서 add(x, y)를 사용하는데, 이처럼 사용하는 것을 **호출(call 혹은 invoke)**라고 한다. 이때 x의 값은 상단의 add 순서도에서 a로 전달되고, y의 값은 b로 전달된다. 즉, **순서대로 매칭되서 값이 전달**된다.

순서도 5-1	설명
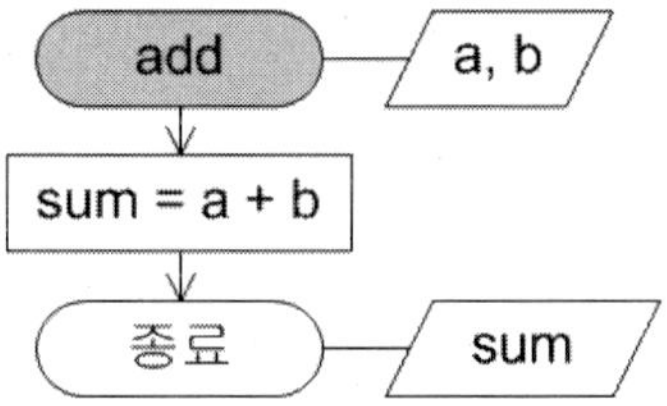	add 작업은 두 숫자 a와 b를 받아서, 두 수의 합을 구하고, 결과(sum)를 반환
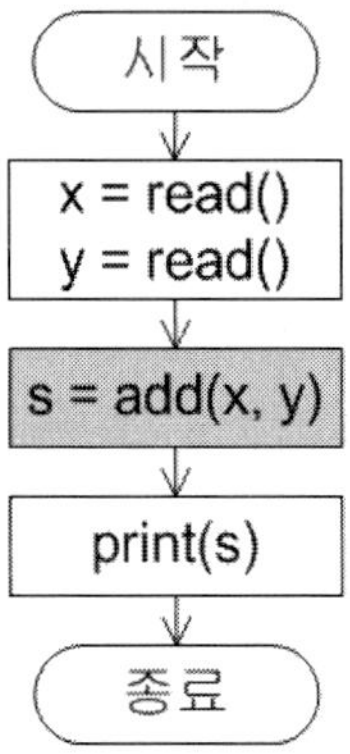	숫자 x와 y를 읽고, add 작업에 x와 y값을 전달하고, add 작업의 결과를 s 변수에 저장하고, s 값을 출력

규칙 8 : 작업 분해는 응집력이 강하고, 한 작업만 진행하도록

- 작업을 분해할 때는 분리된 작업(함수)이 응집력이 강하도록 만들어야 하고, 한 작업은 한 가지 일만 진행하도록 해야 한다. 예를 들어, add 작업은 두 숫자를 더하는 작업만 진행해야지, 더한 숫자를 출력하는 작업까지 하면 안된다.

5.2 작업 분해 순서도 연습

앞에서 배운 내용을 바탕으로 다음 문제를 순서도를 이용해서 해결해보도록 하자.

문제 1

뺄셈을 하는 subtract라는 작업을 분리해서 순서도를 작성하라.

[힌트] add와 유사한 형태 활용

문제 2

곱셈을 하는 multiply라는 작업을 분리해서 순서도를 작성하라.

[힌트] add와 유사한 형태 활용

문제 3

제곱승을 구하는 sqr라는 작업을 분리해서 순서도를 작성하라.

[힌트] 전달되는 값이 한 개임

문제 4

구구단 전체를 출력하는 것을 작업 분해 방법으로 두 개로 분해해서 순서도를 작성하라.

[힌트] 2~9까지 반복하면서, dan(k)을 사용	[힌트] dan : 형태 2, 전달 값 : n

문제 5

가로와 세로 값을 읽고, 사각형의 면적을 계산해서 출력하는 것을 두 개 작업으로 분해해서 순서도를 작성하라.

[힌트] 가로/세로 읽고, calc_area를 사용해서 면적 계산	[힌트] calc_area : 형태 4 전달값 : 가로, 세로 결과값 : 면적

문제 6

숫자 N이 소수인지 여부를 알아보는 is_prime 작업을 순서도로 작성하라.

[힌트] 소수이면 1을, 소수가 아니면 0을 결과 값으로 반환

CHAPTER

재귀적 작업: 수학적 정의를 활용하자

학습목표

"재귀적"이라는 개념과 작업 분해를 재귀적 형태의 순서도로 만드는 방법을 학습할 것이다.

1. "재귀적"의 개념
2. 재귀적 형태의 순서도

6.1 재귀적 작업 분해

어떤 작업 분해는 자기 자신을 이용해서 처리하는 경우가 있다. 이러한 경우를 **재귀적** (recursive) 혹은 **되부름**이라고 한다. 재귀적으로 정의된 경우에는 반드시 **종료 조건을 기술해야** 한다.

가장 단순하며 명확한 재귀적 정의는 순서도 6-1의 팩토리얼 계산이 있다. N!은 N * (N-1)!로 정의할 수 있기 때문에 재귀적으로 기술할 수 있다. 순서도 6-1은 재귀적 작업 분해의 대표적인 예로 팩토리얼을 계산하는 방법을 보여준다.

순서도 6-1	설명
5! = 5 x 4! **단, 0! = 1**	어떤 계산식이 자기 자신을 이용해서 정의되는 경우에 이를 재귀적(recursive)이라고 함. 재귀적 계산에는 반드시 종료 조건(예: 0! =1)이 존재함.
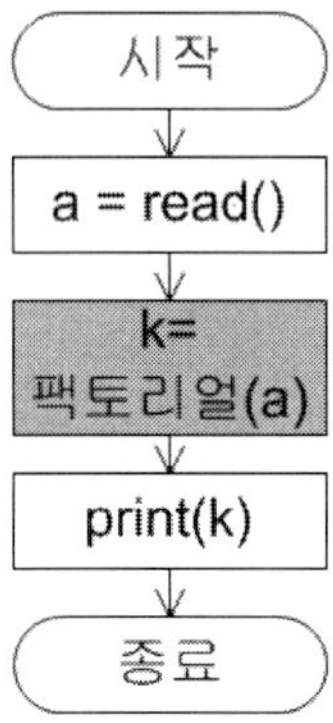	재귀적인 계산식을 갖는 부분은 작업 분해를 해서 별도의 작업으로 잘라낸다.
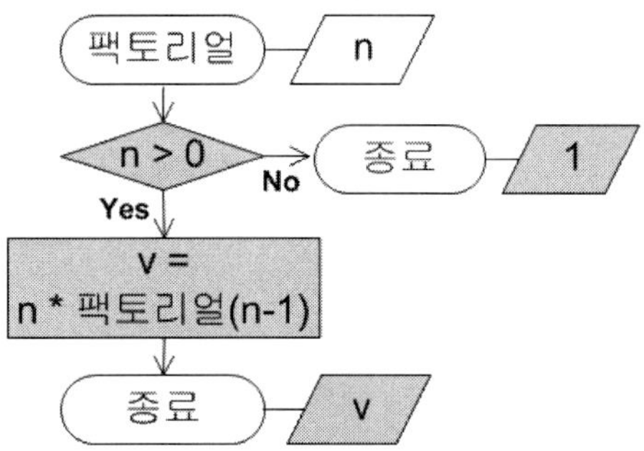	재귀적인 계산식에 따라 순서도를 작성한다. 일반적으로 종료 조건을 파악하기 위한 판단부분이 있고, 종료 조건을 만족하면 상수 값을, 그렇지 않은 경우에는 다시 재귀적인 호출을 한다. 일반적으로 **반복적인 계산식의 상당 부분이 재귀적인 형태로 변환이 가능**하다.

재귀적으로 표현되는 계산은 앞에서 배운 반복 순서도로 표현할 수도 있다. 예를 들어, N! = N * (N-1)!로 재귀적으로 표현되기도 하지만, N! = N * (N-1) * (N-2) * ... * 2 * 1처럼 반복적인 형태로 표현할 수도 있다. 이처럼, 재귀적 표현은 반복으로 바꿔서 표현하는 것이 가능하다. 그러면, 재귀적으로 표현하는 것이 좋은지 아니면, 반복으로 표현하는 것이 좋은지 물어볼 수도 있는데, 이것은 상황에 따라 다르다고 할 수 있다. 일반적으로 재귀적으로 표현하는 것은 실제로 프로그램으로 작성하면 반복으로 작성한 프로그램보다 성능이 떨어지고, 메모리를 더 많이 사용한다. 반면에, 재귀적으로 작성한 프로그램은 반복으로 작성한 프로그램에 비해서 간단하고, 깔끔한 형태로 표현된다는 장점을 갖고 있다.

일부 계산이 재귀적으로 표현된다는 것을 팩토리얼을 예를 들어서 보였는데, 계산뿐만 아니라 데이터를 표현하는 구조도 재귀적으로 표현하는 경우가 있다. 가장 대표적인 것은 트리(tree)라는 자료 구조인데, 다음과 같이 정의할 수 있다.

트리 형태	트리 정의
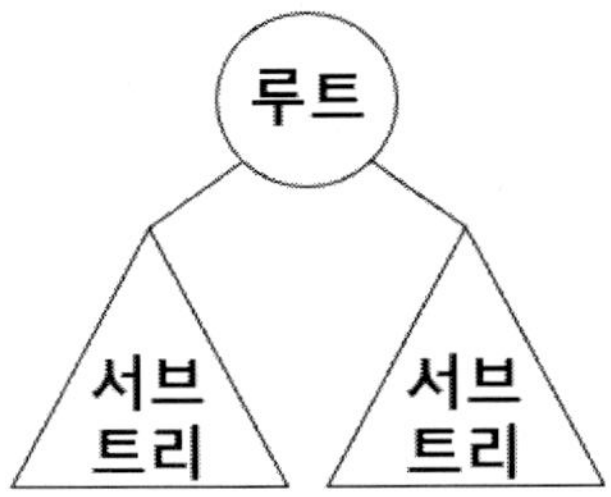	트리는 다음 조건을 만족하는 한 개 이상의 노드를 갖는 집합이다. 1) 트리에는 루트(root)라고 부르는 특별한 노드가 있다. 2) 나머지 노드들은 $n \geq 0$개의 분리 집합 T_1, T_2,…, T_n에 분리되어 포함되며, 각 T_i는 루트의 서브 트리(sub-tree)이다.

트리처럼 재귀적으로 정의되는 자료 구조를 처리하는 작업은 재귀적 작업으로 기술하면, 비교적 쉽게 표현할 수 있다. 재귀적 구조를 처리하는 작업은 반복 형태로 처리하려면, 매우 복잡하기 때문에 거의 사용하지 않고, 대부분 재귀적 작업으로 처리한다.

규칙 9 : 재귀적 해결책은 종료 조건을 반드시 기술해야

- 재귀적 작업 분해는 반드시 종료 조건을 명시적으로 기술해야 한다.

규칙 10 : 재귀적 해결책은 좋은 방법

- 반복적은 해결 방법과 재귀적 해결 방법이 있다면, 일반적으로 재귀적 방법을 사용하는 것이 좋다. 재귀적 방법이 간단하고, 에러가 적기 때문이다. 이것은 재귀적 방법이 수학 공식을 가지고 있기 때문이다.

6.2 작업 분해 순서도 연습

앞에서 배운 내용을 바탕으로 다음 문제를 순서도를 이용해서 해결해보도록 하자.

문제 1

a^b을 재귀적인 형태의 순서도로 표현하라. 단, $a > 0$, $b > 0$ 이고, $a^b = a * a^{b-1}$ 이다.

[힌트] 숫자 a와 b를 읽고, pow(a, b) 호출	**[힌트]** pow : 형태 4 전달값 : a, b 리턴값 : a^b

문제 2

피보나치수열의 계산식을 재귀적인 형태의 순서도로 표현하라.

f(n) = f(n-1) + f(n-2),

f(0) = 0,

f(1) = 1

[힌트] 숫자 n을 읽고, f(n) 값을 출력	[힌트] f : 형태 4 전달값 : n 결과값 : f(n-1) + f(n-2)

문제 3

0부터 10까지 출력하는 것을 재귀적 형태의 순서도로 표현하라.

[힌트] count (n) = 1 + count (n-1), 단, count (0) = 0

문제 4

두 수 a와 b의 최대 공약수를 구하는 방법을 재귀적 방법으로 순서도로 작성하라.

[힌트] gcd(x, y) = x (y = 0이면)
gcd(x, y) = gcd (y, x % y) (y > 0 이면)

CHAPTER

배열: 동일한 형태 자료들의 모임

학습목표

이 장은 배열의 개념을 알아보고, 순서도를 이용해서 1차원 배열과 2차원 배열에 기본적인 연산을 수행하는 방법을 학습할 것이다.

1. 배열의 개념
2. 배열에서 연산하는 방법

7.1 배열

지금까지 작성한 순서도에서는 변수에는 하나의 값만 저장할 수 있었다. 그런데 많은 값을 저장 혹은 관리하기 위해서 매번 변수를 사용하는 것은 매우 번거로운 작업일 수 있다. 예를 들어, 300명에 대한 영어 성적을 읽고, 처리해야 한다고 가정해보자. 이것을 각 변수에 저장하려면, 변수를 300개 사용해야 하고, 변수가 매번 다르기 때문에 반복 순서도를 사용 못하고, 순차를 이용해서 매 번 읽어야 하는(예를 들어, 180번째 학생의 성적을 읽기 위해서 eng180 = read() 형태로 기술해야 함) 문제점이 있다.

위와 같은 문제를 해결하기 위해서 변수를 하나 정의하고, 여러 개의 값을 저장하기 위해서 사용되는 것이 있는데 이것을 ***배열(array)***이라고 한다. 배열은 한 개의 변수에 여러 개의 값을 저장할 수 있으며, 각 값을 사용하기 위해서는 [ ]에 번호(인덱스)를 붙여서 사용한다(인덱스 번호는 0번부터 사용하도록 하자). 배열은 **동일한 형태의 자료를 연속된 영역에 저장**하는 것이다. 이러한 경우에 180번째 학생의 성적을 읽기 위해서는 eng[179] = read() (인덱스 번호를 0번부터 사용하기 때문에180번째 학생은 인덱스 번호가 179번) 형태로 기술할 수 있기 때문에 반복을 사용해서 기술할 수 있다. 즉, 반복 순서도에서 [ ]

안의 인덱스 값을 변경하면서 값을 읽고, 처리할 수 있게 된다. 배열에 처음부터 값을 넣고 시작하는 경우에는 **초기화**라고 하고, **중괄호 { }를 사용해서 기술**한다.

형태 **1차원 배열의 초기화**

```
x[ ]={ 2, 4, 6, 8, 1, 3, 5, 7, 9, 0 }
```

순서도 7-1은 배열 X에 열 개의 정수 값을 저장하고, 이 값들의 합을 구하는 방법을 보여준다. 이때 **배열 X의 크기는 10이고, 번호는 0~9까지 사용**할 수 있다. 배열의 번호는 0번부터 시작한다.

순서도 7-1	설명
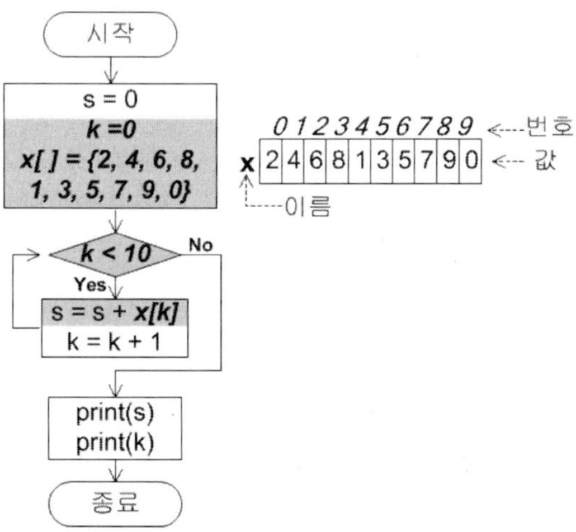	동일한 형태의 값을 여러 개 가질 수 있는 것을 **배열**이라고 한다. 배열 안에 있는 값들을 구별하기 위해서는 번호를 사용한다. 주의할 점은 번호는 0번부터 시작한다는 것이다. 번호를 사용할 때는 [ ] 안에 번호를 넣는다. x[0] = 2 x[1] = 4 x[2] = 6 ...

배열은 1차원뿐만 아니라 2차원, 3차원 등이 있을 수 있다. 2차원 배열의 경우에는 []를 두 개 사용하고, 행렬 형태로 구성된다. 이때 행 번호를 먼저 기술하고, 열 번호를 다음에 기술한다. 2차원 배열을 초기화할 때는 다음과 같은 형태로 기술한다.

형태 **2차원 배열의 초기화**

```
s[ ][ ] = { {첫째 행 값들}, {둘째 행 값들}, {셋째 행 값들}, ....}
```

순서도 7-2	설명
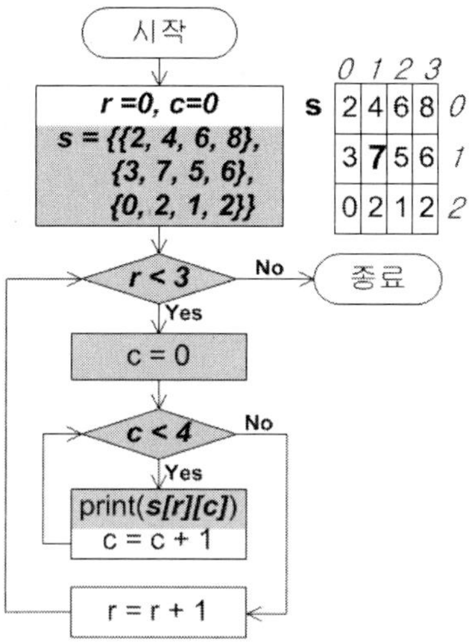 	순서도 7-2는 2차원 배열 s[ ][ ]의 값을 초기화하고, 이를 출력하는 것이다. s[0][0] = 2 s[0][1] = 4 s[0][2] = 6 s[0][3] = 8 s[1][0] = 3 **s[1][1] = 7** ...

규칙 11 : 배열은 어렵지 않다

- 배열을 변수 하나를 이용해서 여러 개 값을 관리하기 위해서 사용하는 것이다. 이때 사용하는 값들은 동일한 형태라는 것에 유의하자.

7.2 배열 순서도 연습

앞에서 배운 내용을 바탕으로 다음 문제를 순서도를 이용해서 해결해보도록 하자.

문제 1

이번 C 프로그래밍 수강생 10명의 성적은 { 70, 73, 68, 55, 60, 63, 65, 57, 49, 53 }이다. 이 성적은 너무 낮게 나와서 모든 학생들에게 12점씩 더해서 성적을 부여하려고 한다. 1차원 배열과 반복을 이용해서 이 작업을 수행하는 순서도를 작성하라.

문제 2

이번 C 프로그래밍 수강생 10명의 성적은 { 70, 73, 68, 55, 60, 63, 65, 57, 49, 53 }이다. 이 성적은 너무 낮게 나와서 각 점수에 15%를 가산점으로 더해서 성적을 부여하려고 한다. 1차원 배열과 반복을 이용해서 이 작업을 수행하는 순서도를 작성하라.

문제 3

이번 C 프로그래밍 수강생 10명의 중간고사 성적(mid)은 { 70, 73, 68, 55, 60, 63, 65, 57, 49, 53 }, 기말고사 성적(final)은 { 85, 93, 88, 75, 65, 88, 75, 75, 70, 80 }이다. 각 성적을 1차원 배열로 표현하고, 각 학생의 평균 점수를 성적(grade)라는 1차원 배열에 저장하는 순서도를 작성하라.

문제 4

이번 C 프로그래밍 수강생 10명의 중간고사 성적(mid)은 { 70, 73, 68, 55, 60, 63, 65, 57, 49, 53 }, 기말고사 성적(final)은 { 85, 93, 88, 75, 65, 88, 75, 75, 70, 80 }이다. 중간고사와 기말고사 성적을 3행 10열의 2차원 배열의 첫 번째와 둘째 행에 저장한다 (세 번째 행은 0 값으로 저장). 반복문을 이용해서 세 번째 행에 평균 점수를 저장하는 순서도를 작성하라.

문제 5

2행 2열인 행렬 $A=\begin{bmatrix}1 & 2\\3 & 4\end{bmatrix}$와 $B=\begin{bmatrix}3 & 4\\6 & 5\end{bmatrix}$이 있을 때 두 행렬의 곱 $A\times B$를 계산하는 순서도를 작성하라.

문제 6

미로를 표현하는 4행 4열인 행렬 $A = \begin{bmatrix} 1\,0\,0\,0 \\ 1\,1\,1\,0 \\ 0\,0\,1\,0 \\ 0\,0\,1\,1 \end{bmatrix}$이 있다. 행렬 값에서 1은 길이 있음을 의미하고, 0은 길이 없음을 의미한다. A[0][0]에서 시작해서 A[3][3]으로 끝날 때까지 행렬 값이 1인 것들만 출력해서 길을 찾아라.

문제 7

배열 A에 {7, 5, 9, 3, 10}이 저장되어 있을 때 선택 정렬을 통해서 오름차순으로 정렬하는 순서도를 작성하라.

[힌트] 선택 정렬은 주어진 값들 중에서 최소값을 찾고, 이것을 맨 자리 숫자와 교환한다. 맨 앞자리 숫자를 제외하고, 나머지에 대해서 동일한 작업을 수행한다.

1단계.

7 5 9 3 10

5 7 9 3 10

5 7 9 3 10

3 7 9 5 10

2단계.

3 7 9 5 10

3 7 9 5 10

3 5 9 7 10

3단계.

3 5 9 7 10

3 5 7 9 10

4단계.

3 5 7 9 10

결과.

3 5 7 9 10

CHAPTER

구조체: 하나의 개념에 포함된 여러 형태 정보

학습목표

이 장은 구조체의 개념을 배우고, 순서도에서 구조체를 사용하는 방법을 배운다.

1. 구조체 개념
2. 구조체를 사용하는 방법

8.1 구조체

배열이 동일한 형태의 자료를 많이 표현할 때 (예를 들어, 300명 학생의 영어 성적) 사용하는 것을 배웠다. 이장에서는 여러 종류의 정보를 갖는 개념을 표현하는 방법을 알아보자. 예를 들어, “학생”이라는 개념은 이름, 나이, 전화번호 등의 정보를 갖고 있다. 우리는 일상에서 “학생”이라는 개념을 이해하고, 이러한 개념을 이용해서 정보를 관리하는데 익숙하다. 예를 들어, “홍길동”이라는 학생을 표현하기 위해서 hong이라는 변수 하나를 사용하는 것이 편리하다.

이처럼 여러 종류의 정보를 포함하는 하나의 개념을 표현하기 위해서 **레코드(record)** 혹은 **구조체(struct)**라는 것을 사용한다. 구조체로 표현하는 정보는 단일 개념, 즉 학생, 혹은 은행 계좌 등과 같이 명확하게 다른 것과 구별되는 개념이라는 것에 유의해야 한다. 즉, 구조체는 여러 개의 정보로 구성된 하나의 개념을 표현한 것이고, 이름을 갖는다는 특징이 있다. 내부의 구체적인 정보를 서술하지 않아도, **이름만으로 파악**할 수 있기 때문에 정보를 **추상화**한 것이라고 볼 수 있다. 5장에서 배운 **함수는 기능을 추상화한 것**이고, **구조체는 정보를 추상화한 것**이다.

구조체는 배열과는 달리 다른 종류 값이 여러 개 사용되고, 구조체안에 포함된 값을 사용할 때는 점(.)을 기술한다. s가 학생에 대한 구조체인 경우에 다음과 같이 점(.)을 이용해서 값을 할당하거나 사용할 수 있다.

예 **s는 학생에 대한 구조체 변수**

```
s.name = "홍길동"
s.age = 21
s.tel = "010-123-4567"
```

순서도 8-1은 이름, 나이, 전화번호 정보를 갖는 학생 구조체 변수 s를 선언하고, 각 항목에 값을 할당하고, 이를 출력하는 것을 보여준다.

순서도 8-1	설명
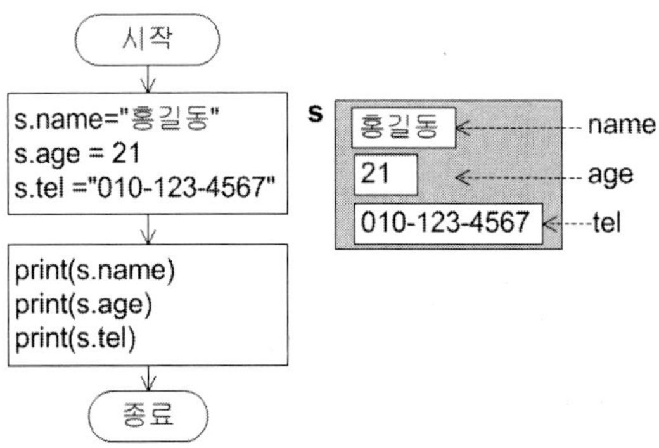	배열과는 달리 다른 종류 값이 여러 개 사용되는 것을 **구조체**라고 한다. 구조체안에 포함된 값을 사용할 때는 점(.)을 기술한다. s.name = "홍길동" s.age = 21 s.tel = "010-123-4567"

배열과 유사하게 구조체도 중괄호 { }를 이용해서 초기화할 수 있다. 학생 구조체에서 전화번호는 숫자로 구성되어 있지만, "-"문자를 사용하기 때문에 문자로 취급하는 것이 좋다. 중괄호를 이용해서 초기화할 때는 구조체에 기술한 정보 순서대로 값을 초기화해야 한다.

형태 **구조체 초기화**

```
s = { “홍길동”, 21, “010-123-4567” }
```

순서도 8-2는 은행계좌를 구조체로 만들어보자. 은행계좌는 번호, 계좌 고객 이름, 잔액 정보를 갖는다.

순서도 8-2	설명
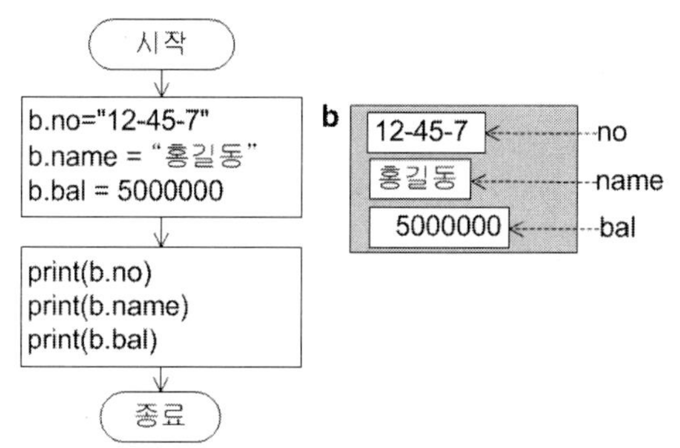	은행계좌에 들어갈 정보로 번호, 고객 이름, 잔액을 기술한다.

학급에서 학생 연락처 목록을 만든다고 가정해보자. 이러한 경우에는 학생에 대한 정보가 여러 개 사용되기 때문에 <u>학생 구조체의 배열</u>로 만들어서 사용할 수 있다. 순서도 8-3은 학생 구조체의 배열 m을 사용해서 각 항목에 값을 넣고, 이것을 반복을 이용해서 출력하는 것이다.

순서도 8-3	설명
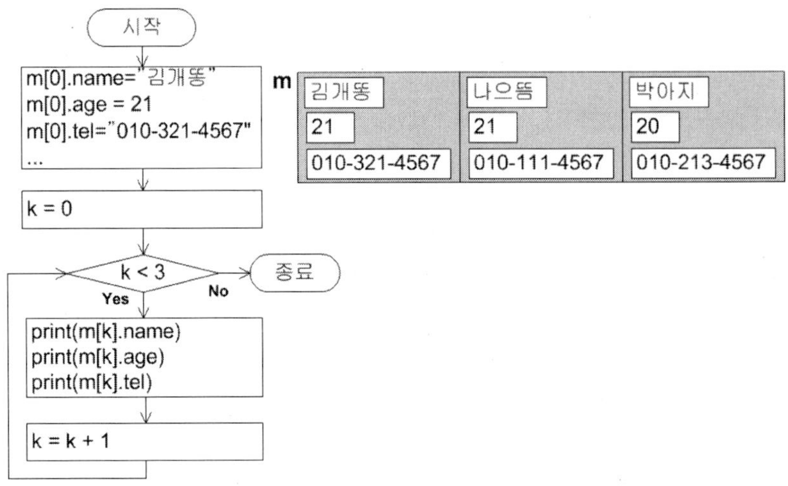	구조체의 배열을 사용한다.

규칙 12 : 구조체는 개념을 표현

- 여러 개의 정보로 구성된 독립적인 개념을 표현하기 위해서는 구조체를 사용한다.

규칙 13 : 구조체 배열

- 동일한 형태의 구조체를 여러 개 사용해야 할 때는 구조체 배열을 사용한다.

8.2 구조체 순서도 연습

앞에서 배운 내용을 바탕으로 다음 문제를 순서도를 이용해서 해결해보도록 하자.

문제 1

학생 정보는 이름, 학번, 학과로 구성된다. 각 항목에 자신의 정보를 입력하고, 출력하는 순서도를 작성하라.

문제 2

학생에 대한 교과목 성적을 처리하려고 한다. 한 학생에 대한 정보는 학번, C 언어 성적, 영어 성적으로 구성된다. 자신의 학번과 교과목 점수를 입력하고, 출력하는 순서도를 작성하라.

문제 3

좌표상의 한 점을 표현하기 위한 point라는 구조체를 만들어 보자. point는 x 좌표와 y 좌표를 위한 정보를 갖는다. 구조체 point 변수 p를 선언하고, 두 개의 정수를 읽어서 p 변수의 x와 y 좌표 값에 저장하고, 출력하는 순서도를 작성하라.

문제 4

복소수를 표현하기 위한 complex라는 구조체를 만들어 보자. complex는 실수를 위한 real과 허수를 위한 img 정보를 갖는다. 구조체 complex 변수 num를 선언하고, 두 개의 정수를 읽어서 num 변수의 real와 img 값에 저장하고, 출력하는 순서도를 작성하라.

문제 5

학생들의 교과목 성적을 평가하기 위해서 15명의 학생에 대해서 C 언어 성적, 영어 성적을 입력하고, **학생별 평균과 과목별 평균**을 구하려고 한다.

[힌트] 구조체 배열 활용, 학생 별 평균은 구조체에 저장

문제 6

10개의 복소수가 배열에 저장되어 있다. 복소수의 평균을 구하는 순서도를 작성하라.

[힌트] 구조체 배열 활용

문제 7

사각형을 표현하는 구조체 rect는 내부 정보로 좌표 점을 나타내는 point를 네 개 가지고 있다. 구조체 rect를 표현하고, 이 사각형의 면적을 구하는 순서도를 작성하라. (단, 사각형은 직각 사각형으로 제한한다.)

[힌트] 구조체 내부에 다른 구조체 포함, 문제 3의 Point 구조체 활용

CHAPTER

화살표(포인터) 표현하는 법

학습목표

이 장은 주소 개념과 포인터 개념을 배우고, 주소를 이용해서 구조체를 연결하는 방법을 학습할 것이다.

1. 주소 개념
2. 주소를 이용해서 구조체를 연결하는 방법

9.1 주소

건물에 주소가 있듯이 우리가 지금까지 사용한 변수들에도 주소가 있다. 이때 변수의 주소는 변수 이름 앞에 & 기호를 붙이도록 하자. 예를 들어, 변수 ***a의 주소***는 ***&a***로 표현하도록 하자.

우리가 일상생활에서 화살표는 다른 사물을 가리킬 때 사용한다. 순서도에서도 다른 것을 가리킬 때 화살표(->)를 이용해서 표현해보도록 하자. 예를 들어, “***b가 가리키는***”은 “***b->***”으로 표현한다.

순서도 9-1의 좌측에 있는 개념도는 학생 구조체를 화살표를 이용해서 연결해 놓은 것이다. 학생은 이름(name), 나이(age) 정보를 가지고 있고, 다음 학생을 가리키는 next 정보를 가지고 있다. next는 다음 학생을 표시하기 위해서 화살표로 다음 학생 구조체를 가리킨다. 순서도 9-1을 보면 A 다음에 B가 온다는 것을 표현하기 위해서 A의 next에 B의 주소

(&B)를 값으로 할당한다. 이처럼 화살표로 연결하기 위해서 next에 연결 대상의 주소를 값으로 넣는다. "나으뜸" 학생의 경우에 더 이상 다음 학생이 없기 때문에 next에 끝이라고 기술한다.

개념도	순서도 9-1	설명
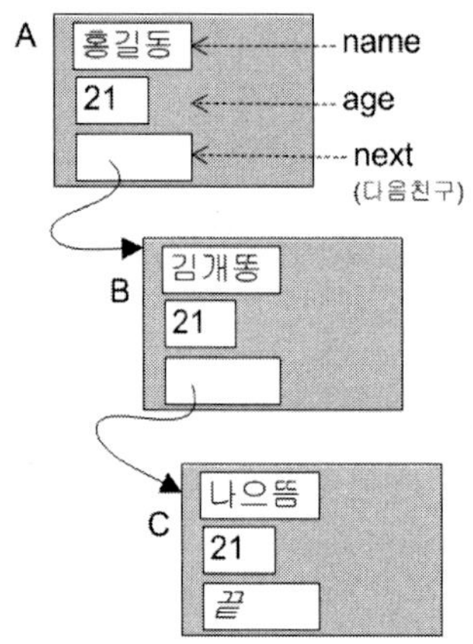 	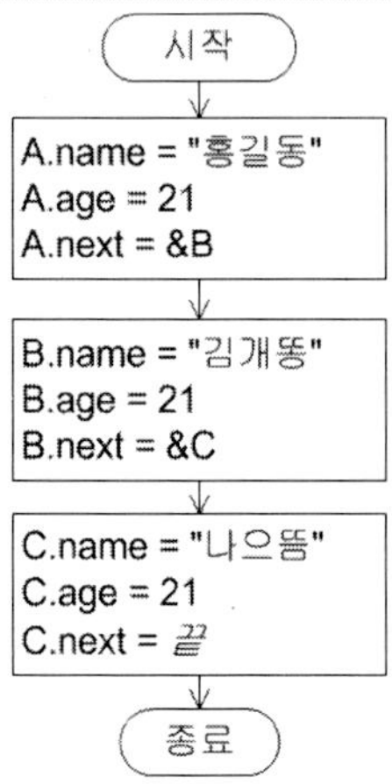 	가리키는 대상은 & 를 붙이자.

순서도 9-2는 구조체 A, B, C를 이용해서 각 항목에 값을 넣었는데, 순서도 9-2에서는 화살표만 이용해서 순서도 9-1과 동일한 기능을 수행하도록 만들어 보자. 개념도에서 볼 수 있듯이 처음에 홍길동에 대한 화살표 h가 존재한다고 가정하자.

개념도	순서도 9-2	설명
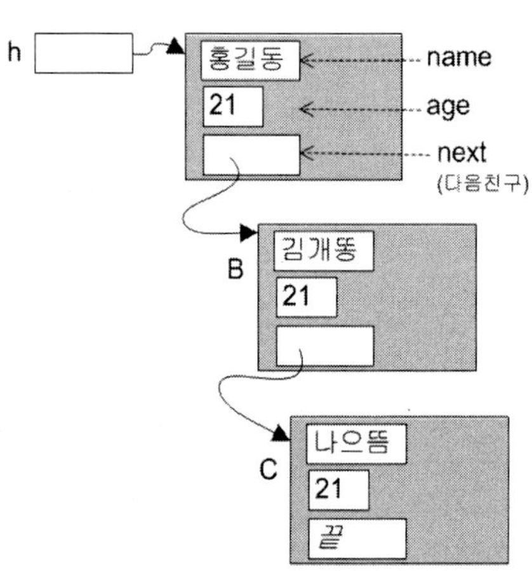 	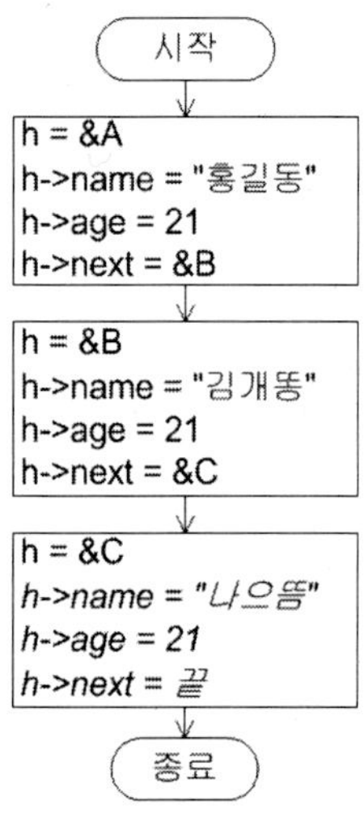 	"h가 가리키는"은 "h->"로 표시하자

학생 구조체들이 next를 통해서 계속 연결되어 있다고 하면, 반복문을 이용해서 학생들 정보를 모두 출력할 수 있을 것이다. 순서도 9-3은 h 변수에 구조체 A의 주소를 저장하고, h의 주소 값을 다음 학생을 가리키는 next를 이용해서 변경하면서, 모든 학생 정보를 접근해서 출력할 수 있다. 이 경우에도 반복문에서 h 변수를 초기화 시키는 부분, 값을 비교하는 부분, h 값을 변경시키는 부분들이 반드시 포함되어야 한다.

개념도

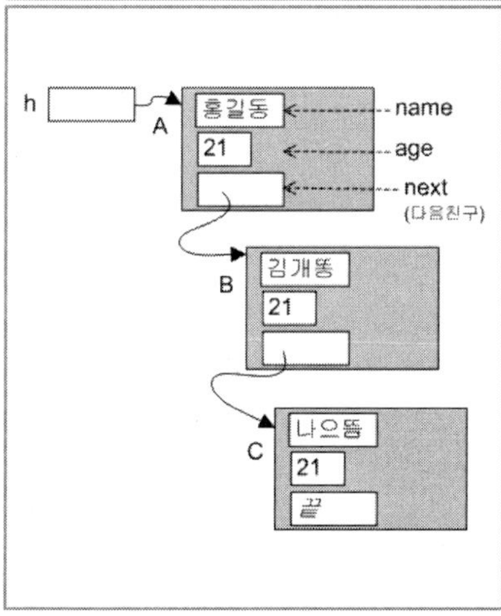

순서도 9-3

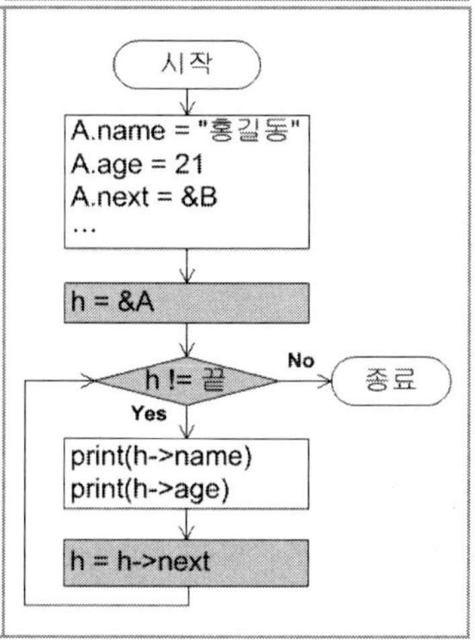

설명

h 값을 A의 주소 값으로 초기화하고, h의 값이 더 이상 없을 때(즉, "끝"일 때)까지 반복한다. h의 값을 다음 학생을 가리키는 h->next 값으로 변경한다.

규칙 14 : 주소와 "끝"

- 개념도 및 순서도에서 "끝"은 프로그램에서는 보통 NULL 혹은 null이라고 한다.

9.3 구조체를 동적으로 만들어 사용하기

순서도 9-3은 학생 구조체 A, B, C라는 변수와 구조체의 주소를 갖는 h를 사용했는데, 이제는 A, B, C와 같은 변수를 사용하지 않고, 구조체 주소를 갖는 변수를 이용해서 많은 구조체를 다루는 방법을 알아보자. 동적으로 새로운 구조체를 만드는 것을 new()라는 것을 사용하도록 하자. 순서도 9-4는 주소를 갖는 변수들을 이용해서 학생들을 연결하는 방법을 보여준다.

개념도	순서도 9-4	설명
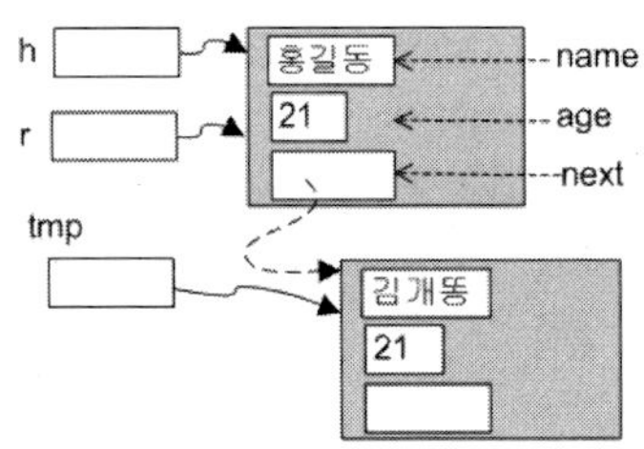	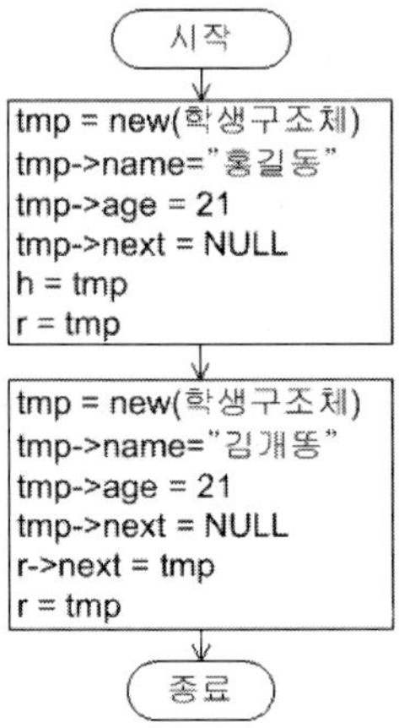	변수 h는 첫 번째 학생을 가리키고, r은 마지막 학생을 가리키기 위한 변수이다. tmp는 새로 만든 학생 구조체의 주소를 갖고 있는 변수이다.

9.4 포인터 순서도 연습

앞에서 배운 내용을 바탕으로 다음 문제를 순서도를 이용해서 해결해보도록 하자.

문제 1

8장에서 배운 point 구조체에 next를 추가해서, 네 개의 점을 연결하는 개념도과 순서도를 이용해서 기술하라.

[힌트] 순서도 9-1 참조

문제 2

문제 1번에서 point 구조체의 주소를 저장할 수 있는 변수 h를 이용해서, 연결된 모든 점들의 x와 y 좌표를 출력하는 개념도과 순서도를 작성하라.

[힌트] 순서도 9-3 참조

문제 3

순서도 9-1에서 박아지 학생의 정보를 홍길동과 김개똥 사이에 넣으려고 한다. 절차를 개념도과 순서도를 이용해서 기술하라.

문제 4

node라는 구조체는 값을 표현하는 value, 다음 왼쪽을 위한 left, 다음 오른쪽을 위한 right으로 구성된다. left와 right는 다음 node 구조체를 가리킨다. 다음 개념도를 순서도로 표현하라.

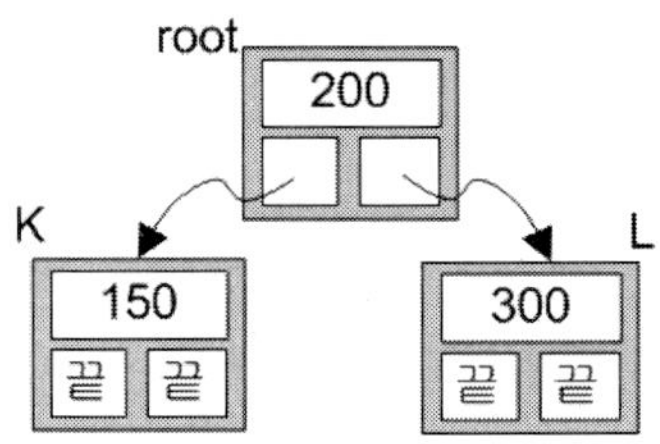

문제 5

다음 개념도와 같은 형태로 node 구조체를 이용해서 구성되어 있다고 가정하자. h는 root라는 node 구조체를 가리키고 있을 때 반복을 이용해서 root와 root의 왼쪽에 있는 것들의 value 값만 출력하려고 한다. (즉, 200, 150, 100만 출력). 이를 위한 순서도를 작성하라.

[힌트] 순서도 9-3 참조

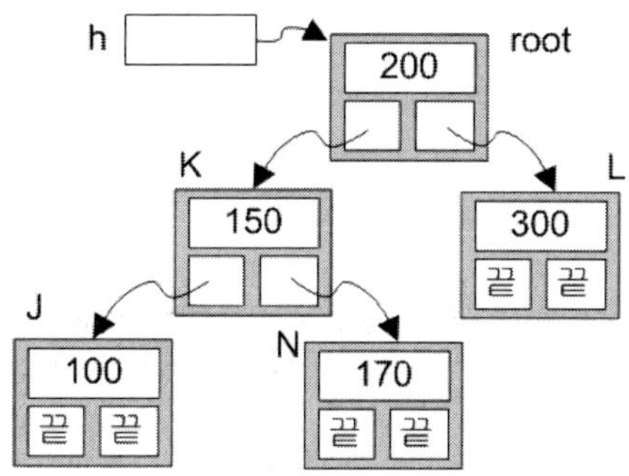

문제 6

문제 5를 참고하여, 다음 그림과 같이 구조체의 주소를 갖는 root와 h가 있을 때, h는 새로운 구조체의 주소를 갖고 있다. 이때 구조체의 값을 비교하여 값이 작으면, 왼쪽, 크면 오른쪽에 붙인다. 350의 값을 갖는 구조체를 300의 오른쪽(right)에 붙이기 위한 함수 add(root, h)를 작성하라.

[힌트] 재귀적 방법 사용

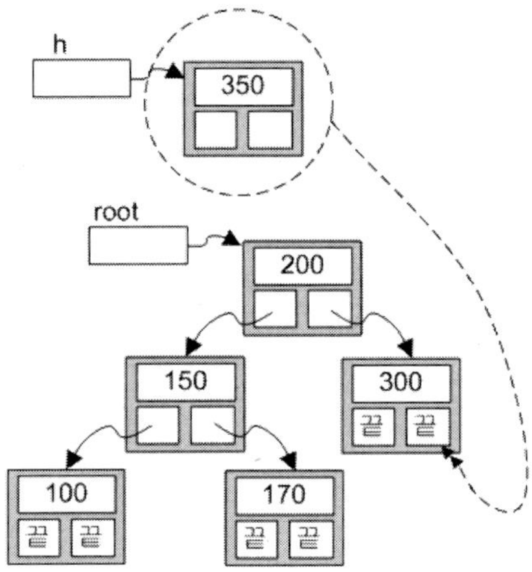

CHAPTER

순서도를 파이썬 프로그램으로 I

학습목표

이 장은 그동안 배운 순서도를 파이썬 프로그램으로 변환하는 방법을 배우고, 이를 익숙하게 습득하는 것을 목적으로 하며, 구체적으로는 다음 내용을 배운다.

1. 파이썬 언어를 이용한 입력과 출력 방법
2. 분기, 반복, 복합 순서도를 파이썬 언어로 변환하는 방법

10.1 파이썬 설치

Python(파이썬)은 쉽게 배울 수 있어서 컴퓨터 전공자는 물론 비전공자들이 많이 배우는 프로그래밍 언어이다. 파이썬 프로그램을 작성하기 위해서는 파이썬 홈페이지(http://python.org/)에서 Python 3.x 버전 혹은 Python 2.x 버전을 다운로드 받는다. 2.x 버전과 3.x 버전은 언어 특징과 지원하는 라이브러리가 약간씩 다르다. 책에서는 **파이썬 3.x 버전을 이용**해서 프로그램을 설명하기로 한다.

파이썬을 설치하고, 개발환경인 IDLE을 실행시키면, 다음과 같은 화면이 나온다. 이 화면에서 프로그램을 작성할 수 있다.

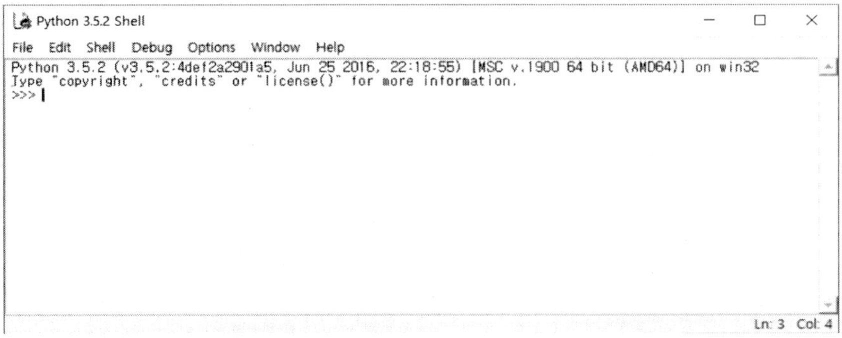

10.2 순차 순서도를 파이썬 프로그램으로 변환하기

1장에서 배운 순서도를 파이썬 프로그램으로 변경해보도록 하자. 1장에서 배운 순서도 1-1은 "Hello" 메시지를 출력하는 가장 간단한 형태의 순서도이고, 이것을 파이썬 프로그램으로 변환한 것을 보여준다.

순서도 1-1	파이썬 프로그램
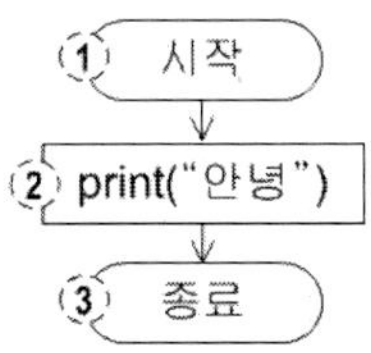	print ("안녕")

순서도 1-2는 변수 a에 10을 할당하고, 이것을 출력하는 내용이다.

순서도 1-2	파이썬 프로그램
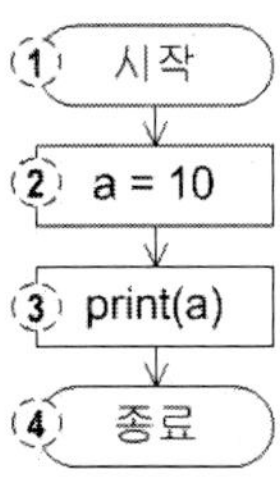	a = 10 print (a)

순서도에서 값을 읽을 때 사용한 read() 대신에 파이썬에서는 input()을 사용한다 (파이썬 2.x에서는 raw_input()을 사용함). input()으로 읽은 것은 문자열 형태이다. 이것을 **정수 혹은 실수로 변경하기 위해서는 int () 혹은 float ()을 사용**한다. 순서도 2-3은 키보드에서 값을 읽는 방법을 보여주기 위한 것이다.

순서도 1-6	파이썬 프로그램	
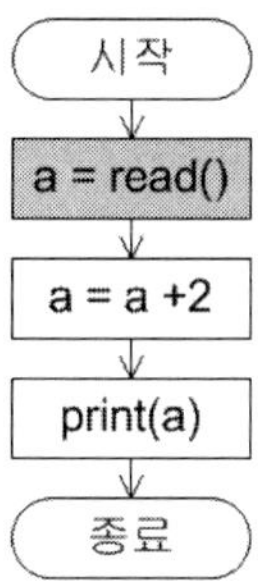	a = input("숫자:") a = int (a) a = a + 2 print (a)	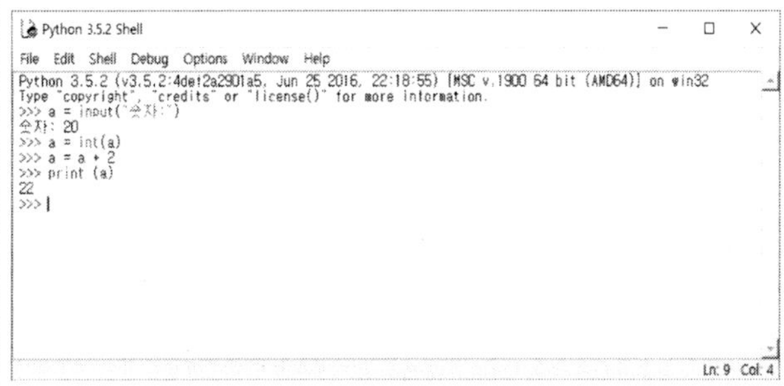

여러 값을 출력할 때는 print()에서 콤마를 이용해서 구별해서 기술한다. 순서도 1-7은 이름을 읽고, 인사 메시지를 출력한다.

순서도 1-7	파이썬 프로그램
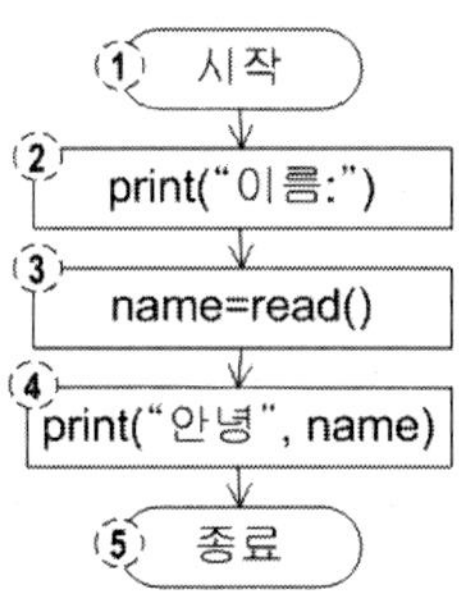	name = input("이름:") print ("안녕", name)

10.3 연산자

10.3.1 산술 연산자

산술 연산자는 숫자에 대해서 사칙연산을 적용하기 위해서 사용하는 연산자이다. 산술 연산자는 음수와 양수를 표현하기 위한 단항 연산자와 사칙연산 계산을 위한 이항 연산자로 구별할 수 있다.

분류 **산술 연산자 분류**

단항 연산자: + −
이항 연산자: + − * / % ** //

정수에 적용할 수 있는 %는 나머지 값을 파악하기 위해서 사용하는 연산자이다. 예를 들어, 5 % 2를 계산한 값은 1이다.

산술 연산자	정수 연산	실수 연산
+	2 + 3 => 5	2.0 + 3.0 => 5.0
−	2 − 3 => −1	2.0 − 3.0 => −1.0
*	2 * 3 => 6	2.0 * 3.0 => 6.0
/	**2 / 3 => 0 혹은 0.66...**	**2.0 / 3.0 => 0.6666666666666666**
%	2 % 3 => 2	2.0 % 3.0 => 2.0
// (몫)	2 // 3 => 0	2.0 // 3.0 => 0.0
**	2 ** 3 => 8 (2^3)	2.0 ** 3.0 => 8.0 (2^3)

▌나눗셈 연산: 파이썬 2.x와 파이썬 3.x

정수 나눗셈 연산에서 파이썬 2.x와 파이썬 3.x가 다른 연산 결과가 나온다.

산술 연산자	파이썬 2.x	파이썬 3.x
/	2 / 3 => 0	**2 / 3 => 0.6666666666666666**

10.3.2 관계 연산자

작다, 크다 등의 관계를 나타내는 연산자로서 조건이 맞으면 연산의 결과는 참(True)이고, 조건이 맞지 않으면 연산의 결과는 거짓(False)이다. 다음 예는 관계 연산자의 사용법과 의미를 보여준다.

예 관계 연산자

```
x == y        /*  x와 y 값이 같으면 참          */
x != y        /*  x와 y 값이 같지 않으면 참     */
x <> y        /*  x와 y 값이 같지 않으면 참     */
x > y         /*  x가 y보다 크면 참             */
x >= y        /*  x가 y보다 크거나 같으면 참    */
x < y         /*  x가 y보다 작으면 참           */
x <= y        /*  x가 y보다 작거나 같으면 참    */
```

10.3.3 논리 연산자

논리 연산자는 참 혹은 거짓을 이용해서 계산을 수행하고, 다시 참(True) 혹은 거짓(False)이라는 결과를 만들어내는 연산자이다. 이러한 계산을 수행하는 연산자로는 and, or, not 이 있다.

형태 논리 연산자

```
and  or  not
```

다음 예는 논리 연산자를 사용하는 방법과 의미를 보여준다.

예 논리 연산자

```
x and y       /* x와 y 값이 참인 경우에 참, 아니면 거짓 */
x or y        /* x나 y값이 참이면 참, x와 y가 모두 거짓이면 거짓 */
not x         /* x의 값이 참이면 거짓, x가 거짓이면 참 */
```

10.3.4 할당 연산자

할당 연산자는 변수에 값을 저장하기 위해서 사용된다. 할당 연산자는 크게 두 가지 형태로 사용될 수 있다. 첫 번째 형태는 단순히 변수에 값을 저장하는 것이다(예: x = 2). 두 번째 형태는 할당 연산자가 다른 연산자와 결합된 형태이다(예: x += 2는 x = x + 2와 동일한 의미이고, **+=은 하나의 연산자이기 때문에 붙여써야** 한다.). 다음은 할당 연산자의 사용 예이다. x *= 2 + 5는 x = x * (2 + 5)와 동일함에 주의하라.

예 할당 연산자

```
x = 10;          /* 변수 x에 값 10을 할당한다. */
x += 10;         /* x = x + 10                */
x -= 10;         /* x = x - 10                */
x *= 10;         /* x = x * 10                */
x /= 10;         /* x = x / 10                */
x %= 10;         /* x = x % 10                */
x <<= 10;        /* x = x << 10               */
x >>= 10;        /* x = x >> 10               */
x &= y;          /* x = x & y                 */
x ^= y;          /* x = x ^ y                 */
x |= y;          /* x = x | y                 */
x *= 2 + 5;      /* x = x * (2 + 5)           */
```

10.4 분기 순서도를 파이썬 프로그램으로 변환하기

분기 순서도는 if 문을 이용해서 파이썬 프로그램으로 변환할 수 있다. if 문은 조건적으로 문장을 수행하고자 할 때 사용된다. **if문 else 뒤의 콜론(:) 문자에 주의하라.** 들여 쓸 때는 일반적으로 키보드에서 탭을 이용한다.

순서도 2-1

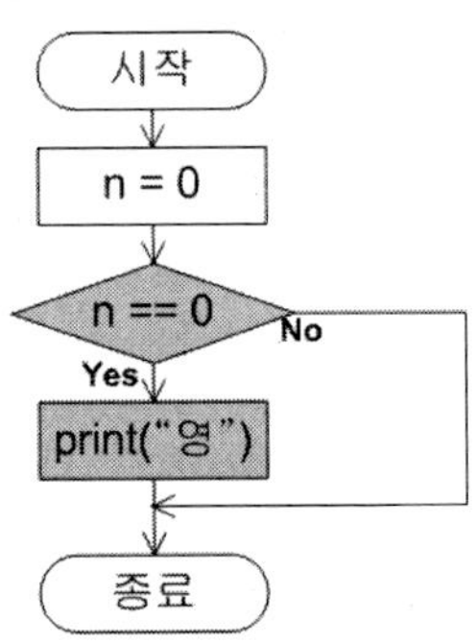

파이썬 프로그램

```
n = 0
if (n == 0) :
    print ("영")
```

조건에서 No에 해당되는 부분은 else 부분에 기술한다.

순서도 2-2	파이썬 프로그램

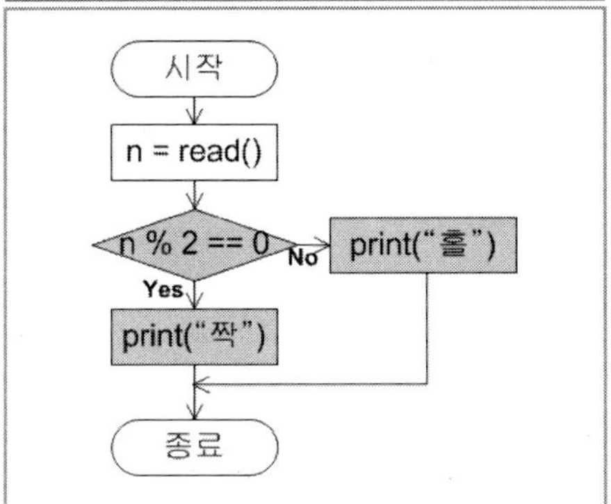


```
n = input("숫자:")
n = int (n)
if (n % 2 == 0) :
    print ("짝")
else:
    print ("홀")
```

조건을 또 물어봐야 할 때는 elif를 사용한다.

순서도 2-3	파이썬 프로그램

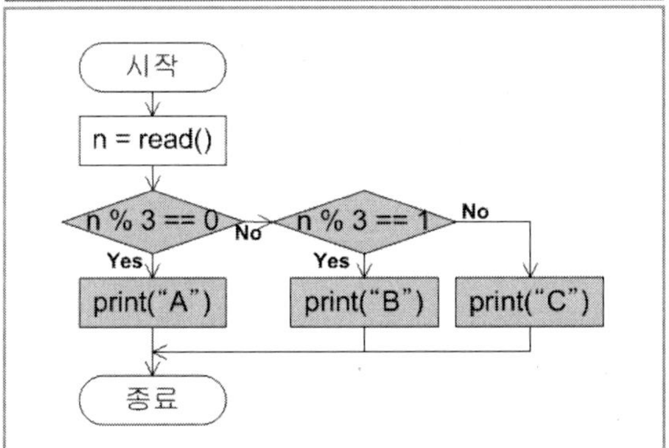


```
n = input("숫자:")
n = int (n)
if (n % 3 == 0) :
    print ("A")
elif (n % 3 == 1):
    print ("B")
else:
    print ("C")
```

상태전이도를 프로그램으로 변환하기 위해서는 상태를 표현하기 위한 변수를 사용하고, 조건문을 사용한다. 추후에 객체지향 프로그램을 사용하는 경우에는 디자인패턴(design pattern) 중에서 state pattern을 사용할 수 있다.

순서도 2-5	파이썬 프로그램

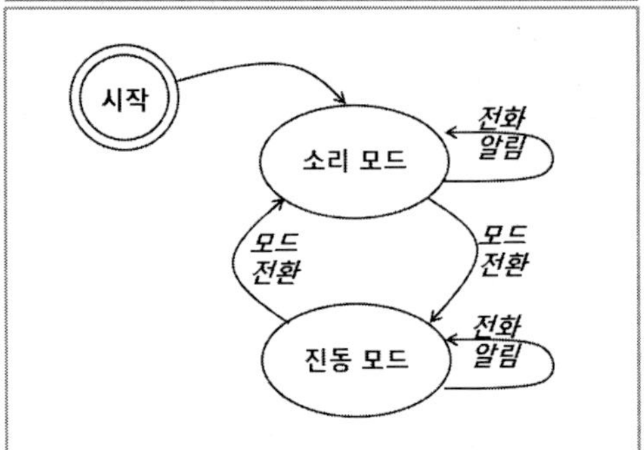

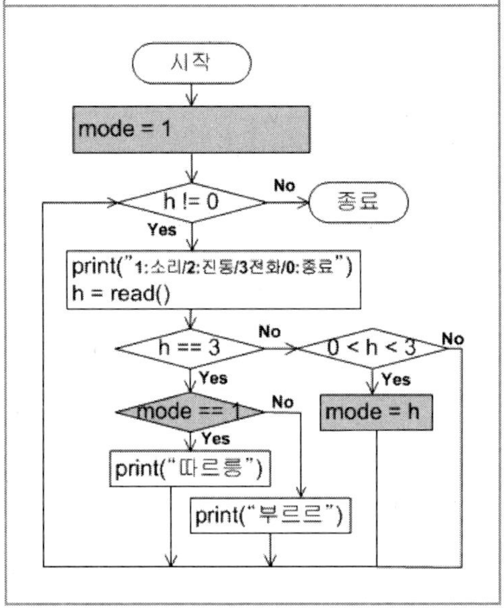


```
mode = 1
h = 1
while( h != 0):
    print("1:소리/2:진동/3:전화/0:종료")
    h = int(input())
    if(h == 3):
        if(mode == 1):
            print("따르릉")
        else:
            print("부르르")
    elif(0 < h and h < 3):
        mode = h
```

10.5 반복 순서도를 파이썬 프로그램으로 변환하기

반복 작업은 while, for를 이용해서 파이썬으로 변환할 수 있다. 반복은 ***초기화, 반복되는 내용, 반복조건***으로 구성된다. 순서도 2-5는 while 문을 이용해서 1~10의 합을 구하는 순서도를 파이썬 프로그램으로 변환한 것이다. while 문은 다음과 같은 형태를 갖는다. 조건이 참인 경우에 반복 작업이 수행된다.

형태 while 문

```
변수값초기화
        while ( 반복조건 ) :
                반복 작업
```

순서도 3-1	파이썬 프로그램

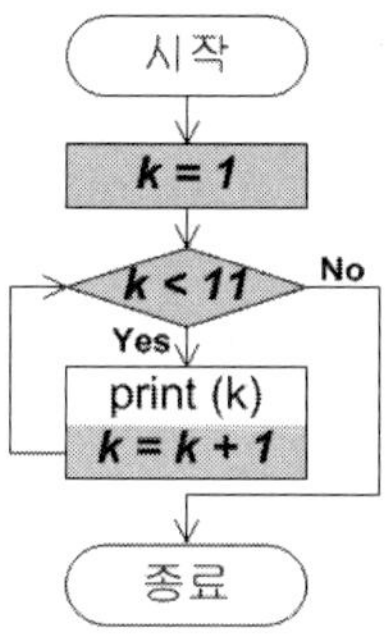	`k = 1`
	`while (k < 11) :`
	`    print (k)`
	`    k = k + 1`

for 문은 while 문과 마찬가지로 파이썬 문장을 여러 번 반복적으로 수행할 필요가 있을 때 사용한다.

형태 for 문

```
        for 변수 in 리스트 :
                반복 작업
```

순서도 3-1	파이썬 프로그램
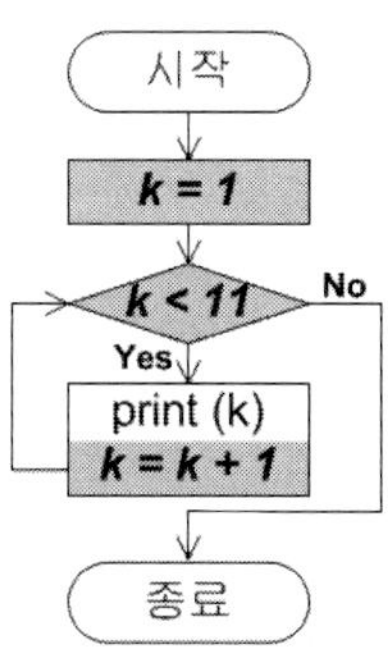	`for k in range (1, 11):` `    print (k)`

다음 순서도 3-2는 1부터 10까지 숫자를 더하는 것이다. 이것을 파이썬 프로그램으로는 다음과 같이 작성할 수 있다.

순서도 3-2	파이썬 프로그램

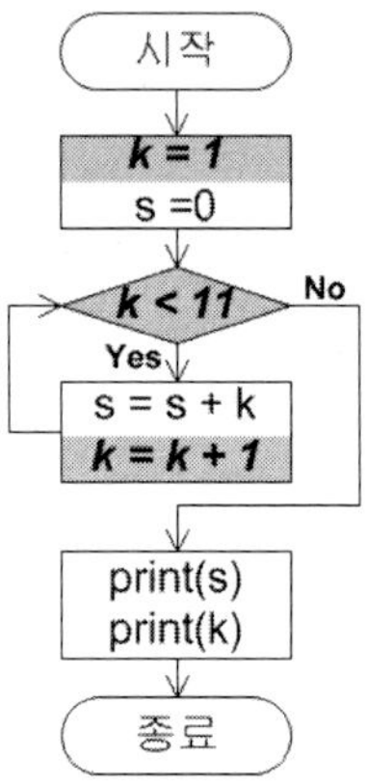


```
k = 1
s = 0
while (k < 11) :
    s = s + k
    k = k + 1

print ("합 = ", s)
print ("k = ", k)
```

순서도 3-3은 -1을 읽을 때까지 계속 읽고, 출력하는 순서도이다. n = input(); n = int (n)을 하나로 합해서 n = int (input())로 기술할 수 있다.

순서도 3-3	파이썬 프로그램

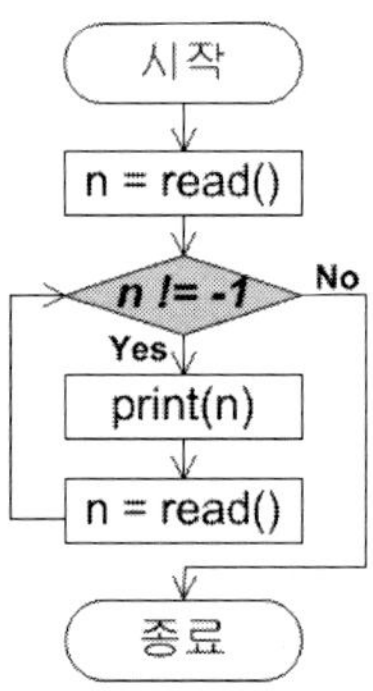


```
n = int (input())
while (n != -1):
    print (n)
    n = int (input())
```

10.6 복합 순서도를 파이썬 프로그램으로 변환하기

복합 순서도는 분기 내부에 반복 혹은 다른 분기, 반복 내부에 반복 혹은 분기가 존재하는 경우이다. 이처럼 내부에 다른 내용이 들어가는 것은 표현하기 위해서 파이썬에서는 들여쓰기를 사용한다. 즉, if 문/while 문/for 문에 있는 들여쓰기를 사용해서 내부에 다른 내용을 기술할 수 있게 한다.

다음의 순서도 4-1은 구구단을 출력하는 순서도를 파이썬 프로그램으로 변환한 것이다. 순서도에서는 2개의 중첩된 반복이 존재한다.

순서도 4-1

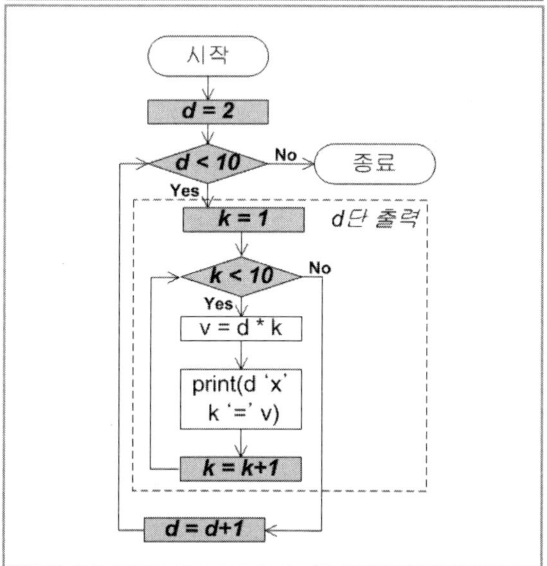

파이썬 프로그램

```
d = 2
while ( d < 10 ) :
    k = 1
    while ( k < 10 ) :
        v = d * k
        print ( d, " x ", k , " = ", v)
        k = k + 1
    d = d + 1
```

10.7 파이썬 프로그램 실습

1장부터 6장까지 순서도 연습 문제를 파이썬 프로그램으로 변환해보도록 하자.

CHAPTER

순서도를 파이썬 프로그램으로 II

학습목표

이 장은 그동안 배운 순서도를 파이썬 프로그램으로 변환하는 방법을 배우고, 이를 익숙하게 습득하는 것을 목적으로 하며, 구체적으로는 다음 내용을 배운다.

1. 함수 및 재귀적 함수 정의하는 방법
2. 배열을 표현하는 방법
3. 클래스 개념과 클래스를 정의하는 방법

11.1 작업 분해를 파이썬 프로그램으로 변환하기

순서도에서 작업 분해는 프로그램에서는 ***함수(function)***로 변환할 수 있는데, 이것은 **어떤 작업을 수행하는 프로그램 코드들을 하나의 단위로 모아 놓고, 이름을 붙인 것**이다. 함수는 이름이 있기 때문에 한번 정의해 놓으면 여러 곳에서 이것을 사용할 수 있다. 함수를 사용하는 것을 **함수 호출** (call 혹은 invoke)이라고 한다. 파이썬의 함수는 다음과 같은 형태로 선언할 수 있다.

형태 함수 선언

```
def 함수이름 (매개변수 ) :
                    파이썬 프로그램
```

함수에서 작업을 마치는 경우에 작업 결과 값을 전달하기 위해서 다음과 같은 형태의 return 문을 사용한다.

형태 return 문

```
return  값 ;      // 돌려줄 값이 있는 경우.
return ;          // 돌려줄 값이 없는 경우.
```

다음 표는 순서도 형태에 따라 함수로 변환하는 방법을 보여준다. 전달값의 유무와 결과값의 유무에 따라 함수 형태가 변경되는 것에 주의하라.

형태 1	형태 2	형태 3	형태 4
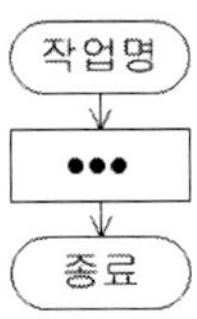	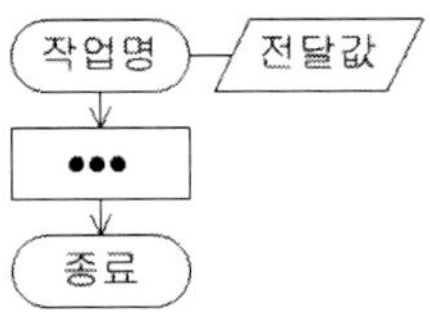	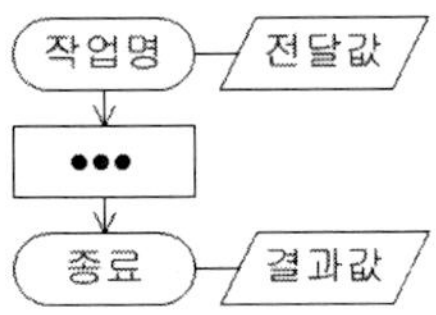	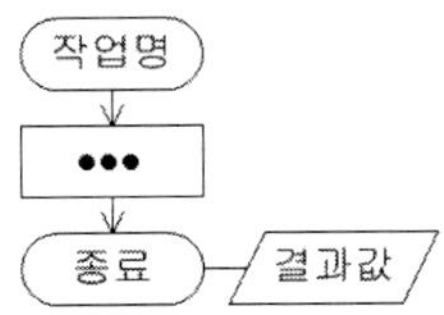
def 작업명() : 　파이썬코드	def 작업명(*변수명*) : 　파이썬코드	def 작업명() : 　파이썬코드 　return *값*	def 작업명(*변수명*) : 　파이썬코드 　return *값*

순서도 5-1은 두 개의 숫자를 전달받아서 합을 구하고, 종료 시에 값을 반환하는 add 함수를 정의하는 방법과 사용하는 방법을 보여준다.

순서도 5-1	파이썬 프로그램
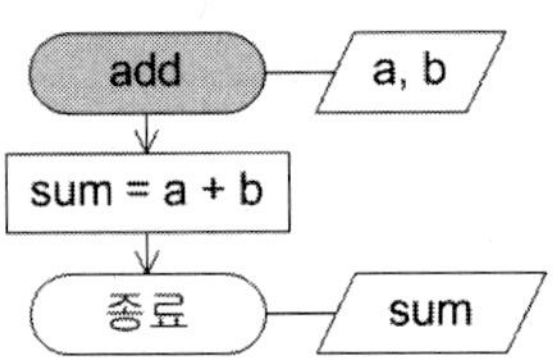	def add (a, b): 　sum = a + b 　return sum
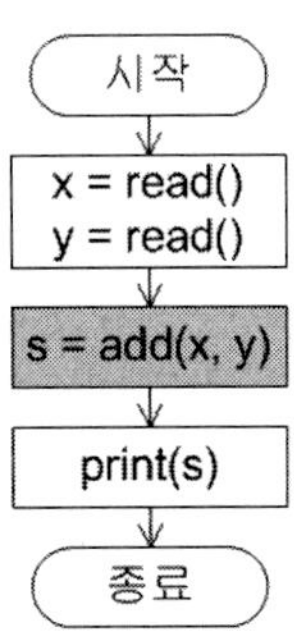	x = int (input()) y = int (input()) s = add(x, y) print (s)

순서도 6-1은 파이썬을 이용해서 재귀적으로 함수를 정의하고, 사용하는 방법을 보여준다.

순서도 6-1	파이썬 프로그램

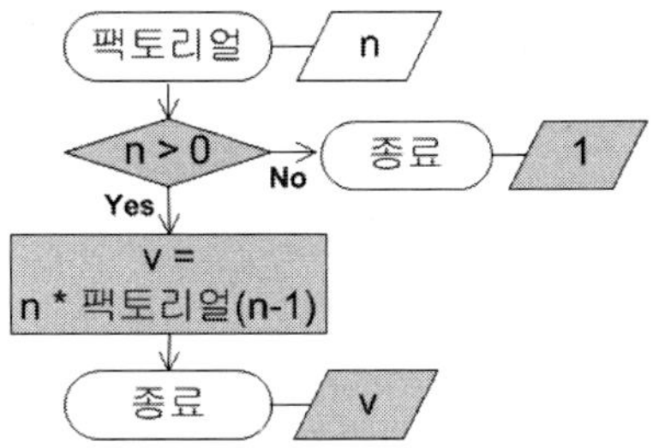


```python
def factorial (n):
    if(n 〉 0):
        v = n * factorial(n–1)
        return v
    else:
        return 1
```

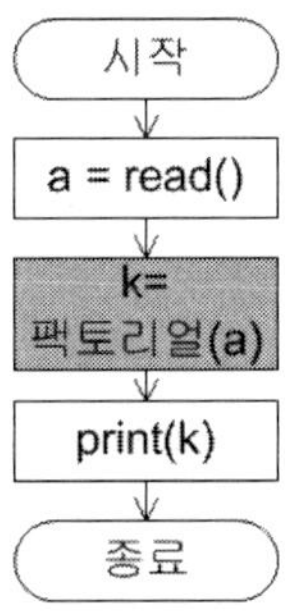


```python
a = int (input())
k = factorial(a)
print (a, "! = ", k)
```

11.2 배열 순서도를 파이썬으로 변환하기

7장에서 배운 배열을 파이썬에서는 리스트를 이용해서 처리할 수 있다. 파이썬에서 리스트는 다음과 같은 형태로 사용할 수 있다.

형태 리스트 사용

```
변수 = [ 값1, 값2, ... ]
```

다음의 k는 1, 2, 3 값이 들어가 있는 리스트를 의미한다.

```python
k = [1, 2, 3]
```

다음은 문자열들로 구성된 msg 라는 리스트를 의미한다.

```python
msg = [“안녕”, “Hello”]
```

다음은 순서도 7-1은 리스트를 이용하는 파이썬 프로그램으로 변환하고, 이를 사용하는 방법을 보여준다.

순서도 7-1	파이썬 프로그램

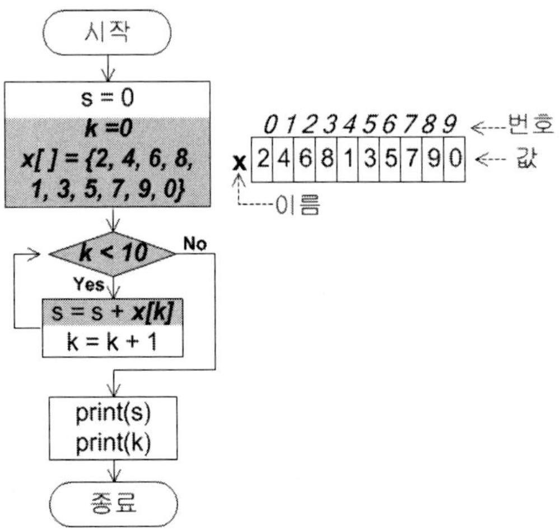


```
s = 0
k = 0
x = [2, 4, 6, 8, 1, 3, 5, 7, 9, 0]
while ( k < 10 ):
    s = s + x [k]
    k = k + 1

print s
print k
```

파이썬에서는 [ ]를 여러 개 사용함으로써 다차원 배열을 표현할 수 있다. 다음 예는 2차원 배열을 표현하는 방법을 보여준다.

예 2차원 리스트 (배열)

```
t = [ [1, 2, 3], [4, 5, 6] ]
```

2차원 리스트는 다음 그림과 같은 형태로 표현될 수 있다. 즉 두 개의 행과 세 개의 열로 이루어진 행렬 형태로 표현될 수 있다.

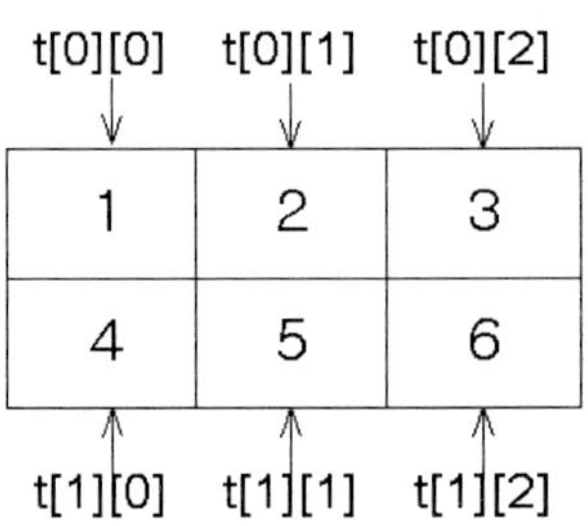

순서도 7-2는 2차원 배열 s의 값을 출력하는 순서도를 파이썬 프로그램으로 변환하는 방

법을 보여준다.

순서도 7-2	파이썬 프로그램

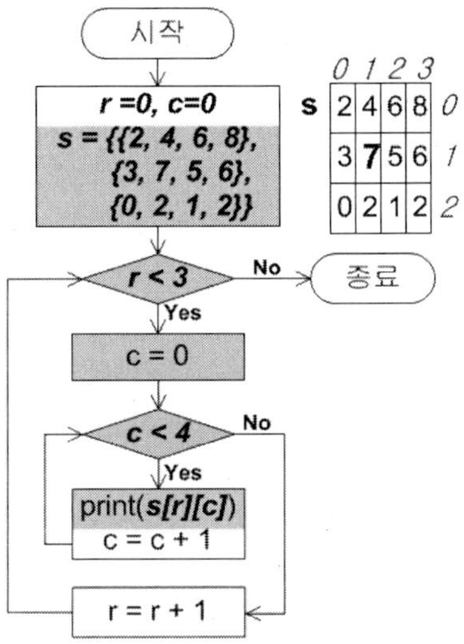


```
r = 0
c = 0
s = [[2,4,6,8], [3,7,5,6], [0,2,1,2]]
while( r < 3 ):
    c = 0
    while(c < 4) :
        print (s[r][c])
        c = c+1
    r = r + 1
```

11.3 구조체 순서도를 파이썬으로 변환하기

파이썬은 객체지향 프로그래밍을 지원하기 때문에 구조체를 클래스로 표현한다. 구조체와 클래스의 차이점은 클래스는 내부에 함수(보통 메소드라고 함)를 포함할 수 있다는 점이다. 파이썬에서 클래스는 다음과 같은 형태로 정의한다.

예 클래스 정의

```
class 클래스명 :
    멤버필드
    def 함수명(self) :
```

다음의 순서도 8-1은 이름, 나이, 전화번호를 표현하는 순서도를 파이썬 클래스를 이용해서 프로그램을 작성한 것이다.

순서도 8-1

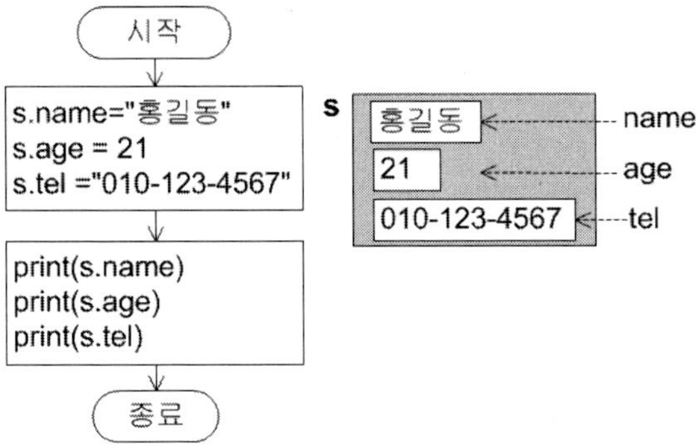

파이썬 프로그램

```
class student :
    name = ""
    age = 0
    tel = ""

s = student()
s.name = "홍길동“
s.age = 21
s.tel = "010–123–4567"

print (s.name)
print (s.age)
print (s.tel)
```

위의 파이썬 프로그램은 s 변수에 학생 객체를 만들어서 저장하고, s의 name, age, tel 값을 할당한다. 이 방법은 간단하기는 하지만, 변수들에게 값을 하나씩 저장하기가 불편하기 때문에 student()를 호출할 때 값을 전달하는 방법을 많이 사용한다. student(“홍길동”, 21, “010-123-4567”)처럼 호출하기 위해서는 클래스의 생성자 함수를 만들어야 한다.네 개(앞에 두 개, 뒤에 두 개)를 사용한다.

예 **클래스의 생성자 함수**

```
class 클래스명:
    def __init__(self, 매개변수):
        ....
```

다음 프로그램은 생성자를 이용해서 순서도 8-1을 파이썬으로 표현한 것이다.

순서도 8-1

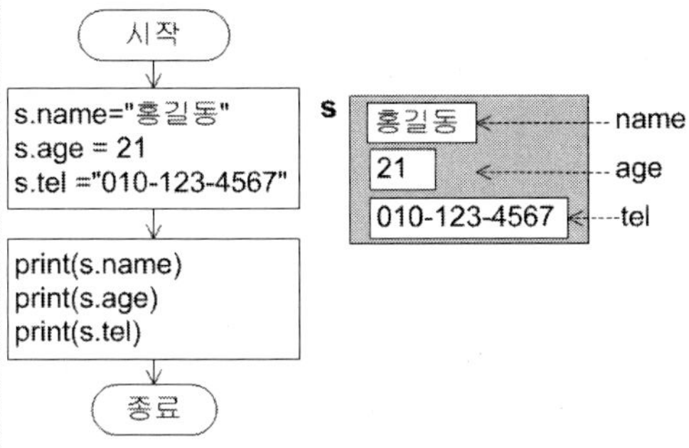

파이썬 프로그램

```
class student :
    def __init__(self, name, age, tel):
        self.name = name
        self.name = age
        self.tel = tel

s = student("홍길동", 21, "010-123-4567")
print (s.name)
print (s.age)
print (s.tel)
```

클래스 내부에는 함수(메소드)를 포함할 수 있으며, 이 함수들은 클래스 내부에 정의된 변수 (일반적으로 멤버 필드라고 함)를 자유롭게 접근해서 사용할 수 있다. 파이썬에서는 메소드에서 멤버 필드에 접근하기 위해서는 self라는 키워드를 사용해야 한다. 다음 예는 student 클래스에 study()라는 메소드를 추가한 것이다. 모든 메소드는 첫 번째 매개 변수로 self를 갖는데, 실제로 호출할 때는 이것은 빼고 값을 전달한다.

파이썬 프로그램

```
class student :
    def __init__(self, name, age, tel):
        self.name = name
        self.name = age
        self.tel = tel
    def study(self, subject):
        print(self.name, "은", subject, "를 공부합니다.")

s = student("홍길동", 21, "010-123-4567")
s.study("파이썬")
```

다음은 순서도에서 구조체 배열을 파이썬의 클래스 배열로 표현한 것이다. 배열의 크기는 len() 함수를 이용해서 파악할 수 있다.

순서도 8-3	파이썬 프로그램

순서도 8-3

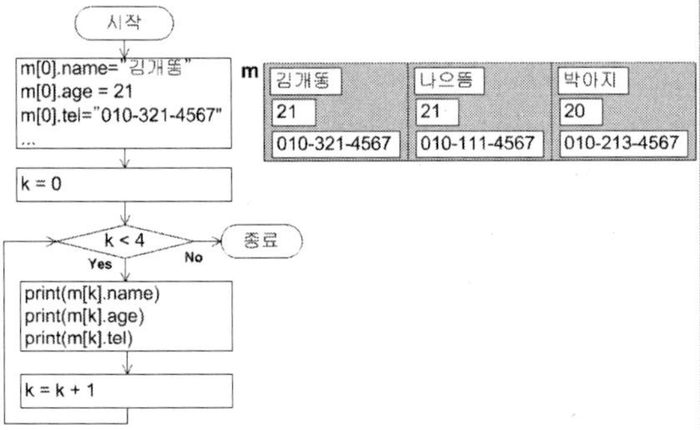

파이썬 프로그램

```
class student :
    def __init__(self, name, age, tel):
        self.name = name
        self.name = age
        self.tel = tel

m = [ ]
m[0] = student("김개똥", 21, "010-321-4567")
m[1] = student("나으뜸", 21, "010-111-4567")
m[2] = student("박아지", 20, "010-213-4567")

k = 0
while (k < len (m)):
    print (m[k].name)
    print (m[k].age)
    print (m[k].tel)
    k = k + 1
```

파이썬에서는 별도로 주소를 표현하기 위한 방법이 없고, 변수의 값을 직접 입력하는 방법을 사용한다. 예를 들어, 9장에서 주소를 표현할 때는 A.next = &B 형태로 표현했는데, <u>파이썬에서는 A.next = B 라고 기술</u>한다. 또한 <u>"끝"은 None으로 표현</u>한다. 다음은 순서도 9-1을 파이썬으로 표현한 것이다.

순서도 9-1	파이썬 프로그램
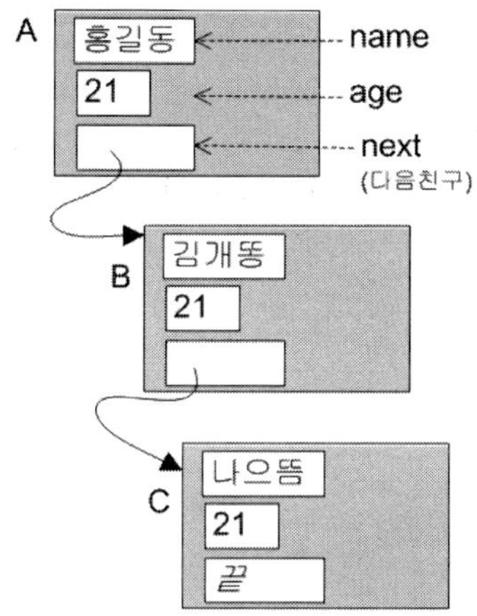	(see code below)


```
class student :
    def __init__(self, name, age, next=None):
        self.name = name
        self.age = age
        self.next = next

A = student("홍길동", 21)
B = student("김개똥", 21)
C = student("나으뜸", 21)
A.next = B
B.next = C
```

순서도 9-3처럼 next를 따라 가면서 정보를 처리해야 할 때 다음과 같이 파이썬 프로그램으로 작성할 수 있다. **파이썬은 주소 값을 갖는 변수를 사용하기 위해서 -> 기호를 사용하지 않고, 모두 일반 변수와 같은 방법으로 사용**한다.

순서도 9-3

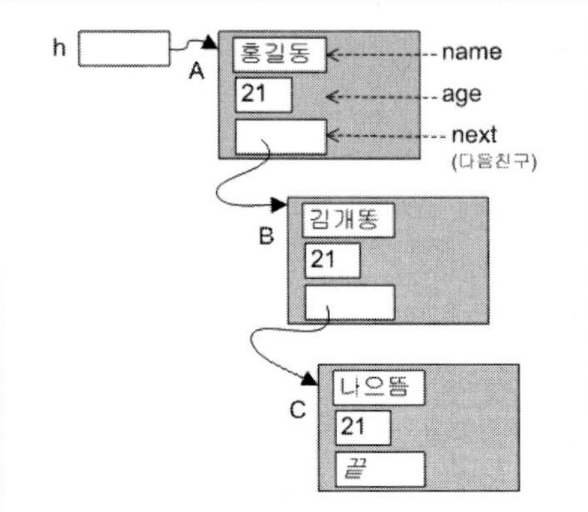

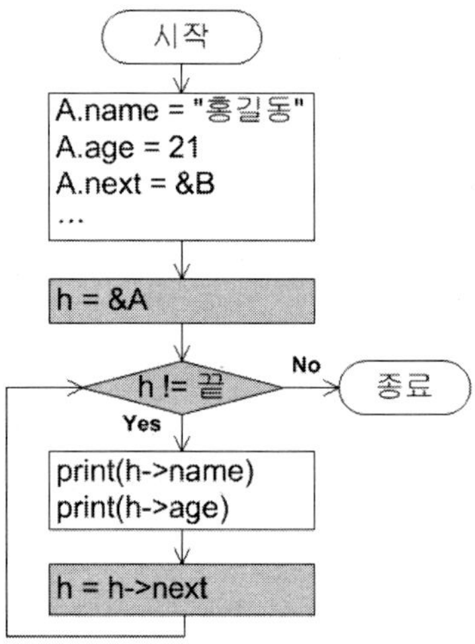

파이썬 프로그램

```
class student :
    def __init__(self, name, age, next=None):
        self.name = name
        self.age = age
        self.next = next

A = student("홍길동", 21)
B = student("김개똥", 21)
C = student("나으뜸", 21)
A.next = B
B.next = C

h = A
while (h != None) :
    print (h.name)
    print (h.age)
    h = h.next
```

파이썬에서는 주소 값을 갖는 변수에서 ->를 사용하지 않기 때문에 순서도 9-4는 다음과 같이 쉽게 파이썬 프로그램으로 작성할 수 있다.

순서도 9-4	파이썬 프로그램

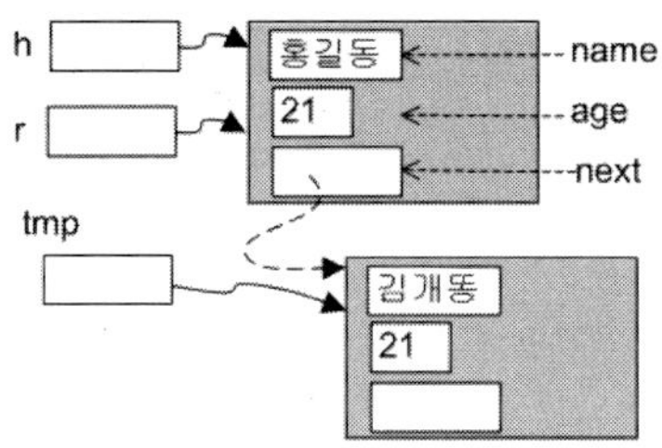

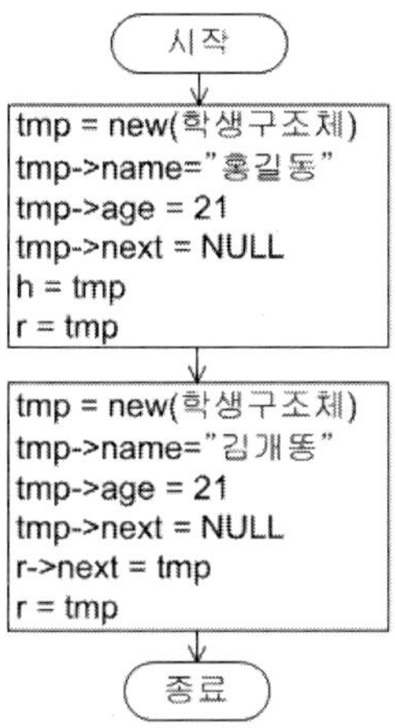


```
class student :
    def __init__(self, name, age, next=None):
        self.name = name
        self.age = age
        self.next = next

tmp = student("홍길동", 21)
h = tmp
r = tmp

tmp = student("김개똥", 21)
r.next = tmp
r = tmp
```

11.4 파이썬 프로그램 실습

7장부터 9장까지 순서도 연습 문제를 파이썬 프로그램으로 변환해보도록 하자.

CHAPTER

순서도를 C 프로그램으로 I

학습목표

이 장은 그동안 배운 순서도를 C 프로그램으로 변환하는 방법을 배우고, 이를 익숙하게 습득하는 것을 목적으로 하며, 구체적으로는 다음 내용을 배운다.

1. C 언어를 이용한 입력과 출력 방법
2. 분기, 반복, 복합 순서도를 C 언어로 변환하는 방법

12.1 C 개발환경 설치

C 프로그램을 작성하기 위해서 gcc가 많이 사용되고 있으며, PC 환경에서는 Dev-C++ 편집기를 사용하는 것이 편리하다. Dev-C++는 오픈 소스로 개발된 C와 C++를 위한 통합 개발 환경으로 http://www.bloodshed.net/ 사이트에서 다운로드받을 수 있다. Dev-C++를 설치하면 윈도우에서 실행되는 gcc 컴파일러 및 기본 라이브러리들이 설치되기 때문에 쉽게 사용할 수 있다.

Dev-C++가 올바르게 설치되고, 실행된 경우에 다음 그림과 같은 형태의 화면이 나타난다. 이 편집기를 이용해서 C 프로그램을 작성하고, 실행시킬 수 있다.

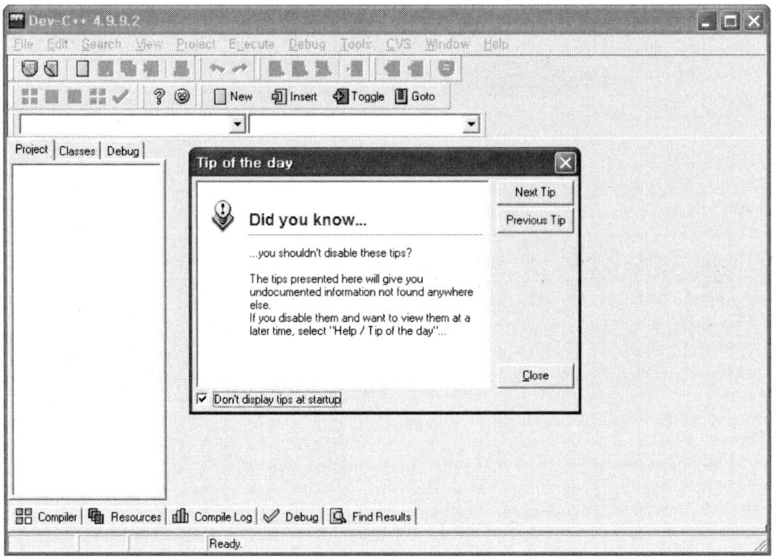

C 언어는 가장 많이 사용되며, 대학교의 공학 계열에서 가장 많이 배우는 프로그래밍 언어이다. C 프로그램을 작성하기 위해서는 다음과 같은 점을 주의해야 한다.

1. C 프로그램은 대소문자를 구별하기 때문에 대소문자를 명확히 구별해서 써야 한다.

2. 괄호(( )), 중괄호 ({ }), 대괄호 ([ ]), 인용부호 (" ") 등은 항상 쌍이 맞아야 한다. 쌍이 맞지 않는 경우에는 에러가 발생하기 때문에 꼭 쌍이 맞는지 확인해야 한다.

3. 프로그램을 변경하면, 반드시 저장하고, 컴파일해야 변경된 내용이 반영된다.

4. 순서도에서 "시작"은 C 프로그램에서 main()에 해당된다. C 프로그램의 기본 형태는 다음과 같다. main()는 main(int argc, char **argv)라고 쓰기도 한다.

```
#include <stdio.h>
int main() {

  /* 내용 */

}
```

5. 변수는 main() 처음 부분에 "변수를 사용하겠다"라는 의미로 선언해야 한다. 변수 선언을 할 때는 변수의 자료형을 변수 이름 앞에 기술한다.

초보자들이 많이 범하는 에러와 이를 해결하는 방법들로는 다음과 같은 것들이 있다.

1. 문장에서 세미콜론이 빠진 경우
   - 에러 메시지 : expected ';' before '}' token
   - 해결 방법 : 세미콜론을 해당 위치의 문장 끝에 추가한다.

2. 키워드 철자가 틀린 경우
   - 에러 메시지 : expected ';' before '{' token
   - 해결 방법 : 키워드에 오타가 있는 경우에도 세미콜론이 빠진 것과 유사한 에러 메시지가 출력된다. 이러한 경우에는 오타가 있는지 확인해야 한다.

3. 변수 철자가 틀린 경우
   - 에러 메시지 : 'value' undeclared (first use in this function)
   - 해결 방법 : 'value'라는 변수가 선언되지 않고, 사용되었음. 변수를 선언하거나 변수 철자가 올바른지 확인한다.

4. 함수 이름 철자가 틀린 경우
   - 에러 메시지 : undefined reference to 'print'
   - 해결 방법 :'print'라는 함수가 정의되어 있지 않다는 의미. 따라서 함수 이름의 철자가 맞는지 확인하고, 오타가 있는 경우에 수정한다.

5. 중괄호 ({ }) 쌍이 맞지 않아서 발생하는 경우
   - 에러 메시지 : expected declaration or statement at end of input
   - 해결 방법 : 들여쓰기를 해서 중괄호 쌍이 잘 맞는지 쉽게 확인할 수 있도록 한다.

참고 **들여쓰기(indentation)**

C 프로그램은 여는 중괄호({) 다음에는 줄의 처음에 4칸 정도의 빈칸 혹은 탭(tab) 키를 이용해서 들여쓰기를 하는 것이 좋다. 들여쓰기는 프로그램을 읽기 쉽게 해주고, 중괄호가 맞지 않아서 발생하는 에러를 쉽게 찾을 수 있게 한다.

12.2 순차 순서도를 C 프로그램으로 변환하기

1장에서 배운 순서도를 C 프로그램으로 변경해보도록 하자. 1장에서 배운 순서도 1-1은 "Hello" 메시지를 출력하는 가장 간단한 형태의 순서도이고, 이것을 C 프로그램으로 변환한 것을 보여준다.

순서도 1-1

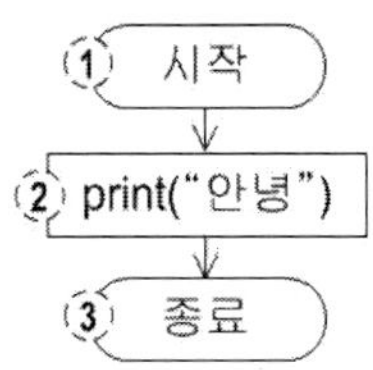

C 프로그램

```
#include <stdio.h>
int main() {
    printf ( "안녕" );
}
```

C 언어에서는 변수를 사용하기 전에 반드시 선언해야 한다. 변수 선언은 변수의 자료형을 쓰고, 변수 이름을 쓴다.

형태 변수 선언

```
자료형    변수이름 [= 초기값] ;
```

자료형으로는 기본적으로 다음과 같은 것을 사용할 수 있다. C 언어에서 가장 기본적으로 많이 사용되는 자료형은 다음과 같다.

정수 : int
실수 : double
문자 : char

문자는 한 글자를 의미하며, 홑 따옴표 ('과 ')를 사용해서 기술한다. 예를 들어, 'A'는 문자를 의미한다. 문자와 유사한 것으로는 문자열이 있다. 문자열은 쌍 따옴표("과 ")를 사용한다. 예를 들어, "A"는 문자가 아니라 문자열이다.

내용을 출력하기 위한 printf()는 출력하는 변수의 종류에 따라 양식을 지정해야 한다. 양식은 % 기호(십진 정수는 %d를 사용)를 사용해서 기술한다. 다음 그림은 정수가 저장된 value 변수를 출력하는 방법을 보여준다.

```
value = 300;
printf("값 = %d ₩n", value);
```

출력 결과

```
값 = 300
```

printf()에서는 포맷 지시자로 %d 이외에 자료형에 따라서 다음과 같은 것을 사용할 수 있다.

- %c : 문자
- %f : 실수 ex) %.2f : 소수점 둘째 자리까지
- %s : 문자열 (문자열은 문자들의 연속을 의미하며, 쌍 따옴표(“과 ”)로 표시하고, 문자와는 다른 자료형이다.)

순서도 1-2는 변수 a에 10을 할당하고, 이것을 출력하는 내용이다.

순서도 1-2

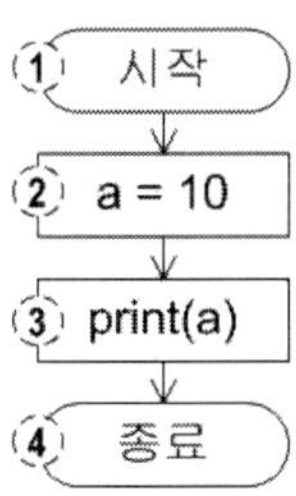

C 프로그램

```
#include <stdio.h>
int main() {
    int a;
    a = 10;
    printf ("%d ₩n", a);
}
```

순서도에서 값을 읽을 때 사용한 read() 대신에 C 에서는 scanf()을 사용한다. scanf는 키보드에서 값을 입력받을 때 사용하고, 다음과 같은 형태로 사용하는데, printf()와 유사한 점이 많다.

형태 scanf() 함수

```
int scanf(포맷지시자, &변수, &변수 ...)
```

scanf()에서 원하는 자료형을 읽기 위한 포맷 지시자는 printf와 유사하다.

- %d : 정수

- %c : 문자
- %f : 실수
- %s : 문자열

다음 그림은 키보드에서 age라는 변수에 정수 값을 읽어오는 것을 보여준다. 그림에서 볼 수 있듯이 우선 ①값을 읽어서 저장하기 위한 변수(예: age)가 미리 선언되어 있어야 하고, ②scanf()에서 읽을 자료형을 포맷 지시자(예: %d)를 이용해서 기술한다. 이때 ③값을 저장하기 위한 변수 이름 앞에 & 기호를 붙여준다. &는 변수의 주소를 의미한다.

```
int age;
scanf("%d", &age);
```

순서도 1-6은 scanf()를 이용해서 키보드에서 값을 읽는 방법을 보여준다.

순서도 1-6

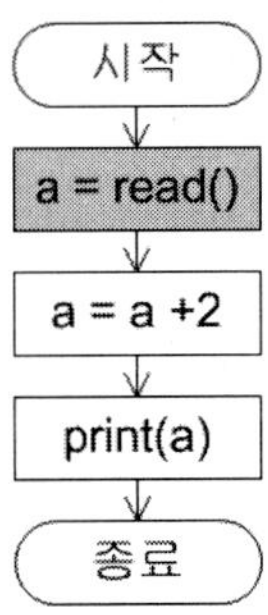

C 프로그램

```
#include <stdio.h>
int main() {
    int  a;
    scanf("%d", &a );
    a = a + 2;
    printf ("%d ₩n", a);
}
```

정수와 달리 문자열은 뒤에서 배울 문자 배열을 이용해서 선언해야 한다. 즉, 이름을 읽어서 저장하기 위해서는 char name[10]처럼 변수를 선언한다. 순서도 1-7은 이름을 읽고, 인사 메시지를 출력한다.

순서도 1-7

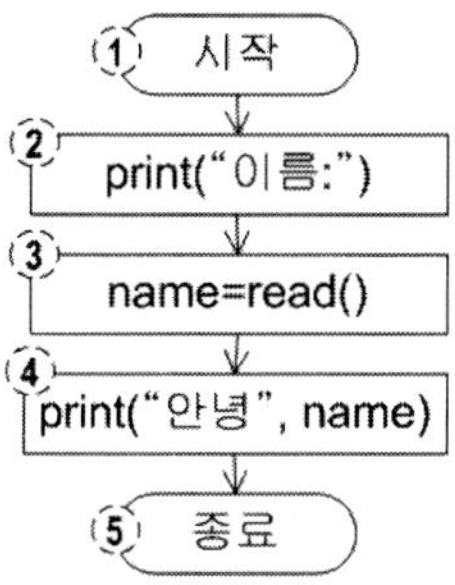

C 프로그램

```
#include <stdio.h>
int main() {
    char  name[10];
    printf("이름:");
    scanf("%s", &name);
    printf ("안녕 %s ₩n", name);
}
```

※ **주의** : 이름을 너무 길게 입력하면 에러가 발생하고, 이것은 해킹 취약점이 되기도 한다. 해킹에 주의하기 위해서는 "시큐어 코딩 가이드 라인"을 따르는 것이 필요하다.

12.3 연산자

12.3.1 산술 연산자

산술 연산자는 숫자에 대해서 사칙연산을 적용하기 위해서 사용하는 연산자이다. 산술 연산자는 음수와 양수를 표현하기 위한 단항 연산자와 사칙연산 계산을 위한 이항 연산자로 구별할 수 있다.

분류 산술 연산자 분류

```
단항 연산자: +  −
이항 연산자: +  −  *  /  %
```

정수에 적용할 수 있는 %는 나머지 값을 파악하기 위해서 사용하는 연산자이다. 예를 들어, 5 % 2를 계산한 값은 1이다.

12.3.2 관계 연산자

작다, 크다 등의 관계를 나타내는 연산자로서 조건이 맞으면 연산의 결과는 참이고, 조건이 맞지 않으면 연산의 결과는 거짓이다. 다음 예는 관계 연산자의 사용법과 의미를 보여준다.

예 관계 연산자

```
x == y          /*  x와 y 값이 같으면 참          */
x != y          /*  x와 y 값이 같지 않으면 참     */
x > y           /*  x가 y보다 크면 참             */
x >= y          /*  x가 y보다 크거나 같으면 참    */
x < y           /*  x가 y보다 작으면 참           */
x <= y          /*  x가 y보다 작거나 같으면 참    */
```

12.3.3 논리 연산자

논리 연산자는 참 혹은 거짓을 이용해서 계산을 수행하고, 다시 참 혹은 거짓이라는 결과를 만들어내는 연산자이다. 이러한 계산을 수행하는 연산자로는 &&, ||, ! 이 있다. 다음 예는 논리 연산자를 사용하는 방법과 의미를 보여준다.

예 논리 연산자

```
x && y      /* x와 y 값이 참인 경우에 참, 아니면 거짓 */
x || y      /* x나 y값이 참이면 참, x와 y가 모두 거짓이면 거짓 */
! x         /* x의 값이 참이면 거짓, x가 거짓이면 참 */
```

12.3.4 할당 연산자

할당 연산자는 변수에 값을 저장하기 위해서 사용된다. 할당 연산자는 크게 두 가지 형태로 사용될 수 있다. 첫 번째 형태는 단순히 변수에 값을 저장하는 것이다(예: x = 2). 두 번째 형태는 할당 연산자가 다른 연산자와 결합된 형태이다(예: x + = 2는 x = x + 2와 동일한 의미이고, +=은 하나의 연산자이기 때문에 붙여써야 한다.). 다음은 할당 연산자의 사용 예이다. x *= 2 + 5는 x = x * (2 + 5)와 동일함에 주의하라.

예 할당 연산자

```
x = 10;        /* 변수 x에 값 10을 할당한다. */
x += 10;       /* x = x + 10          */
x -= 10;       /* x = x - 10          */
x *= 10;       /* x = x * 10          */
x /= 10;       /* x = x / 10          */
x %= 10;       /* x = x % 10          */
x *= 2 + 5;    /* x = x * (2 + 5)     */
```

12.3.5 연산자 종합

C 언어는 다음과 같은 연산자들을 지원한다. 다음 표에서 비교적 덜 사용되는 비트 연산자는 생략했다.

분류	연산자	의미	사용 예
산술연산자	+, -, *, /	가감승제	2 / 5 => 0 2.0 / 5.0 => 0.4
	%	나머지 연산자	5 % 2 => 1
	++, --	증가/감소 연산자	k = 0 ; k++;
관계연산자	==, !=, >, <, >=, <=	관계 파악, 결과는 참(1)/거짓(0)	if(x == y) { } if(x != y) { }
논리연산자	&&, ||, !	AND, OR, NOT	if(x && y) { } if(x || y) { }
할당연산자	=	변수에 값 할당	x = 10;
	+=, -=, *=, /=, %=	변수 값을 이용해서 계산하고, 결과를 변수에 할당	x += 10 => x = x + 10 x *= 2 + 5 => x = x * (2+5)

형변환연산자	(자료형) 값	값을 형변환	double p = 3.14;
			int ip = (int) p;
			/* ip는 3 */

12.4 분기 순서도를 C 프로그램으로 변환하기

분기 순서도는 if 문을 이용해서 C 프로그램으로 변환할 수 있다. if 문은 조건적으로 문장을 수행하고자 할 때 사용된다.

순서도 2-1 | **C 프로그램**

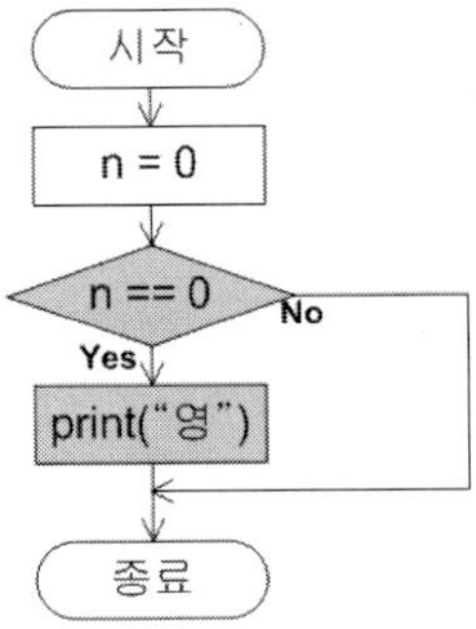


```
#include 〈stdio.h〉
int main() {
    int  n = 0;
    if( n == 0 ) {
        printf (“영 ₩n”);
    }
}
```

조건에서 No에 해당되는 부분은 else 부분에 기술한다.

순서도 2-2 | **C 프로그램**

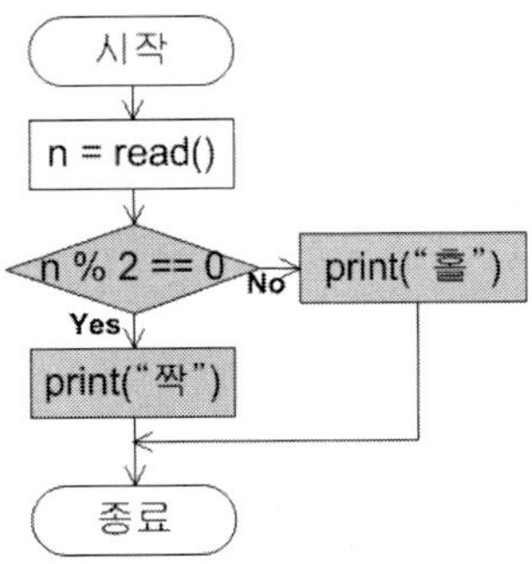


```
#include 〈stdio.h〉
int main() {
    int  n ;
    scanf(“%d”, &n);
    if( n %2 == 0 ) {
        printf (“짝 ₩n”);
    } else {
        printf (“홀 ₩n”);
    }
}
```

조건을 또 물어봐야 할 때는 else if를 사용한다.

순서도 2-3

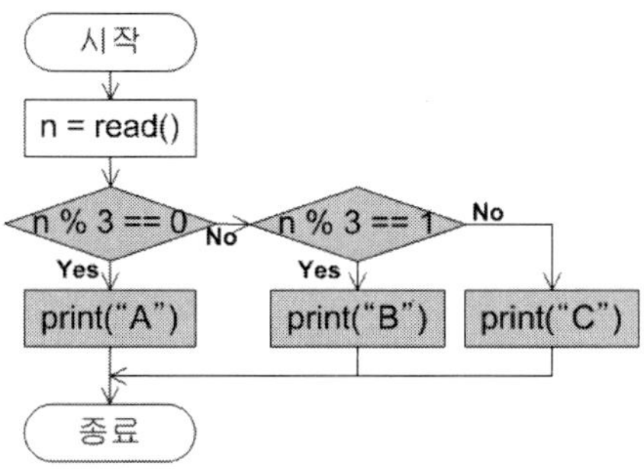

C 프로그램

```
#include 〈stdio.h〉
int main() {
    int  n ;
    scanf(“%d”, &n);
    if( n % 3  == 0 ) {
       printf (“A ₩n”);
    } else if( n % 3 == 1) {
       printf (“B ₩n”);
    } else {
       printf (“C ₩n”);
    }
}
```

상태전이도를 프로그램으로 변환하기 위해서는 상태를 표현하기 위한 변수를 사용하고, 조건문을 사용한다.

순서도 2-5

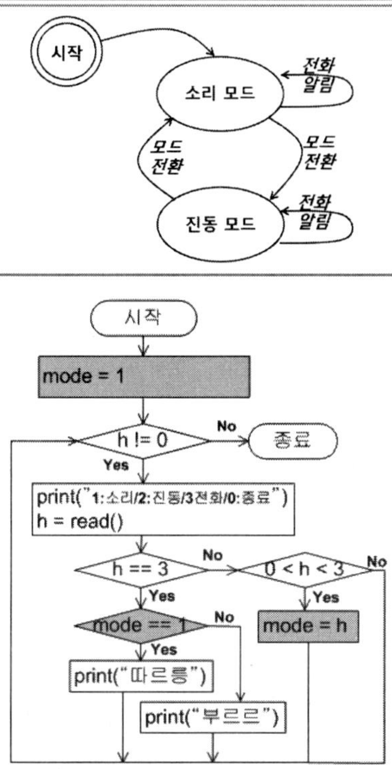

C 프로그램

```
#include 〈stdio.h〉

int main() {
    int mode = 1, h = 1;

    while(h != 0) {
       printf("1:소리/2:진동/3:전화/0:종료₩n");
        scanf("%d", &h);
        if(h == 3) {
            if(mode == 1) {
                printf("따르릉₩n");
            } else {
                printf("부르르₩n");
            }
        } else if(0 〈 h && h 〈 3){
                mode = h;
        }
    }
}
```

12.5 반복 순서도를 C 프로그램으로 변환하기

반복 작업은 while, for, do-while을 이용해서 C 프로그램으로 변환할 수 있는데, 주로 while과 for를 이용한다. 반복은 초기화, 반복되는내용, 반복조건으로 구성된다. while 문은 다음과 같은 형태를 갖는다. 조건이 참인 경우에 반복 작업이 수행된다.

형태 while 문

```
    변수값초기화
    while ( 반복조건 ) {
            반복 작업
}
```

순서도 3-1은 while 문을 이용해서 1~10의 숫자를 출력하는 순서도를 C 프로그램으로 변환한 것이다.

순서도 3-1

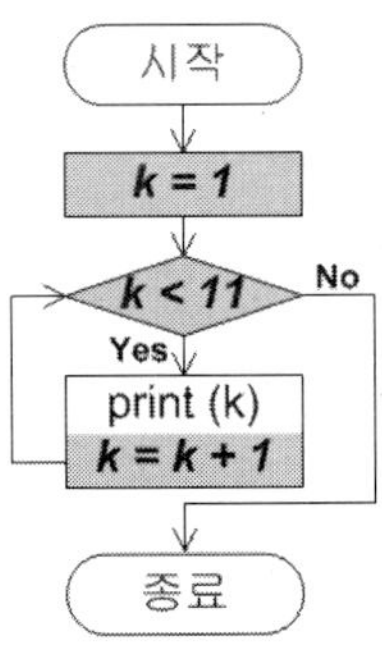

C 프로그램

```
#include <stdio.h>
int main() {
    int  k = 1;
    while(k < 11) {
        printf("%d ₩n", k);
        k = k + 1;
    }
}
```

for 문은 while 문과 마찬가지로 C 문장을 여러 번 반복적으로 수행할 필요가 있을 때 사용된다.

형태 for 문

```
    for (초기화; 조건; 증가) {
      반복 작업
}
```

다음은 순서도 3-1을 for 문을 이용해서 1~10의 숫자를 출력하는 프로그램을 작성한 것이다.

순서도 3-1

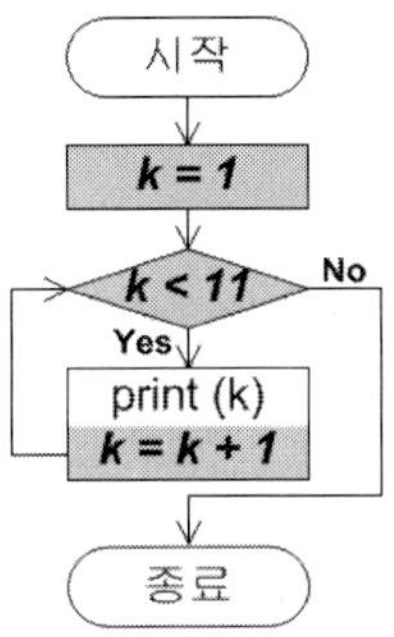

C 프로그램

```
#include 〈stdio.h〉
int main() {
    int  k ;
    for(k = 1; k 〈 11; k= k +1) {
        printf(“%d ₩n”, k);
    }
}
```

다음 순서도 3-2는 1부터 10까지 숫자를 더하는 것이다. 이것을 C 프로그램으로는 다음과 같이 작성할 수 있다.

순서도 3-2

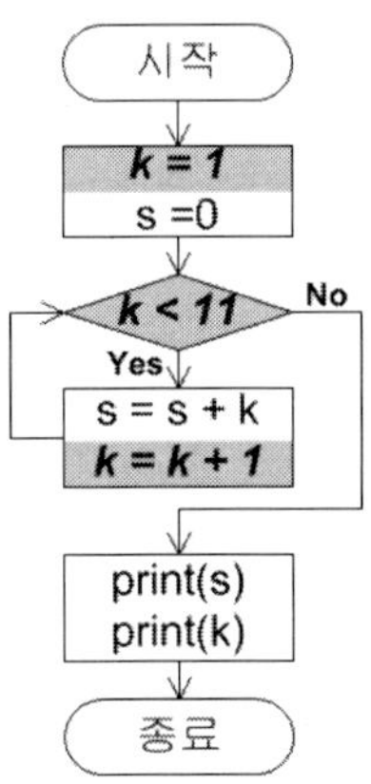

C 프로그램

```
#include 〈stdio.h〉
int main() {
    int  k = 1, s = 0;
    while(k 〈 11) {
        s = s + k ;
        k = k + 1 ;
    }
    printf(“%d ₩n”, s);
    printf(“%d ₩n”, k);
}
```

순서도 3-3은 -1을 읽을 때까지 계속 읽고, 출력하는 순서도이다.

순서도 3-3

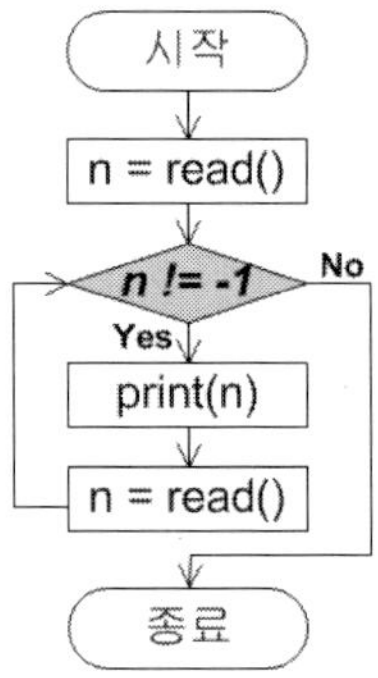

C 프로그램

```
#include 〈stdio.h〉
int main() {
    int  n ;
    scanf(“%d”, &n);
    while(n != −1) {
        printf(“%d ₩n”, n);
        scanf(“%d”, &n);
    }
}
```

12.6 복합 순서도를 C 프로그램으로 변환하기

복합 순서도는 분기 내부에 반복 혹은 다른 분기, 반복 내부에 반복 혹은 분기가 존재하는 경우이다. 다음의 순서도 4-1은 구구단을 출력하는 순서도를 C 프로그램으로 변환한 것이다. 순서도에서는 두 개의 중첩된 반복이 존재한다.

순서도 4-1

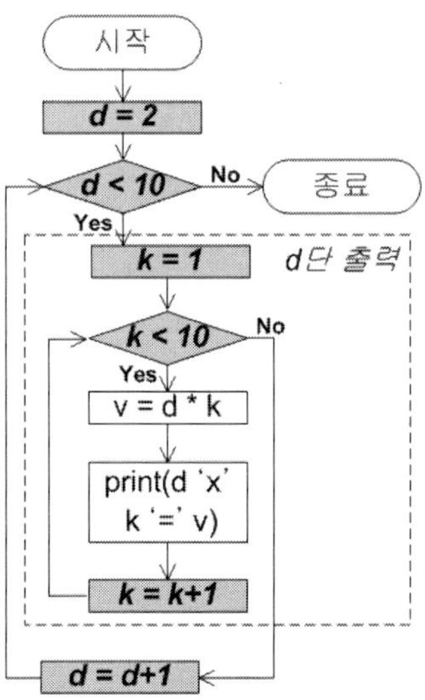

C 프로그램

```
#include 〈stdio.h〉
int main() {
    int  d, k, v ;
    d = 2;
    while(d 〈 10) {
        k = 1;
        while(k 〈 10) {
            v = d * k;
            printf(“%d X %d = %d ₩n”, d, k, v);
            k = k + 1;
        }
        d = d + 1;
    }
}
```

12.7 C 프로그램 실습

1장부터 6장까지 순서도 연습 문제를 C 프로그램으로 변환해보도록 하자.

CHAPTER

순서도를 C 프로그램으로 II

학습목표

이 장은 그동안 배운 순서도를 C 프로그램으로 변환하는 방법을 배우고, 이를 익숙하게 습득하는 것을 목적으로 하며, 구체적으로는 다음 내용을 배운다.

1. 함수 및 재귀적 함수 정의하는 방법
2. 배열을 표현하는 방법
3. 구조체를 정의하고, 사용하는 방법

13.1 작업 분해를 C 프로그램으로 변환하기

순서도에서 작업 분해는 프로그램에서는 ***함수(function)***로 변환할 수 있는데, 이것은 **어떤 작업을 수행하는 프로그램 코드들을 하나의 단위로 모아 놓고, 이름을 붙인 것**이다. 함수는 이름이 있기 때문에 한 번 정의해 놓으면 여러 곳에서 이것을 사용할 수 있다. 함수를 사용하는 것을 함수 호출 (call 혹은 invoke)이라고 한다. C 함수는 다음과 같은 형태로 선언할 수 있다.

형태 함수 선언

```
리턴타입 함수이름 (매개변수 ) {
        C 프로그램
}
```

함수에서 작업을 마치는 경우에 작업 결과 값을 전달하기 위해서 다음과 같은 형태의

return 문을 사용한다.

형태 return 문

```
return  값;      // 돌려줄 값이 있는 경우. 리턴 타입은 "값"의 자료형
return ;         // 돌려줄 값이 없는 경우. 리턴 타입은 void
```

다음 표는 순서도 형태에 따라 함수로 변환하는 방법을 보여준다. 전달값의 유무와 결과값의 유무에 따라 함수 형태가 변경되는 것에 주의하라.

형태 1	형태 1
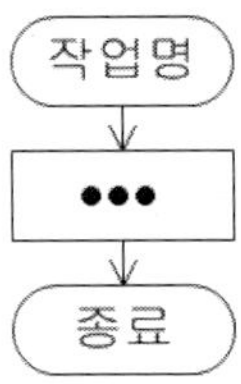	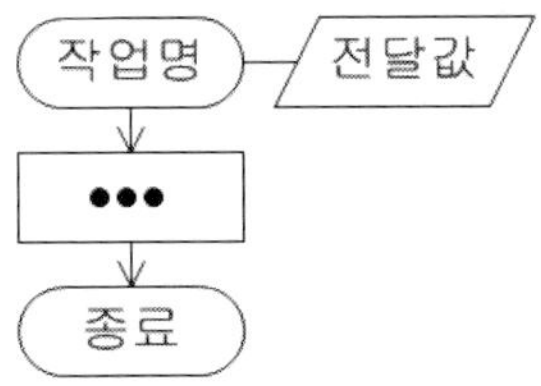

void 작업명() {
  ...
}
	void 작업명(*자료형 변수명*) {
	  ...
	}

형태 3	**형태 4**
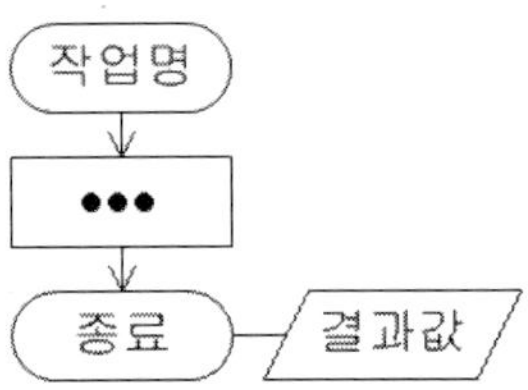	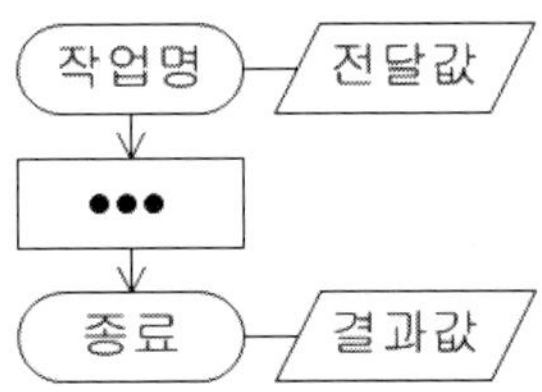

리턴타입 작업명() {
  ...
  return *값*;
}
	리턴타입 작업명(*자료형 변수명*) {
	  ...
	  return *값*;
	}

순서도 5-1은 두 개의 숫자를 전달받아서 합을 구하고, 종료 시에 값을 반환하는 add 함수를 정의하는 방법과 사용하는 방법을 보여준다.

순서도 5-1	C 프로그램

순서도 5-1

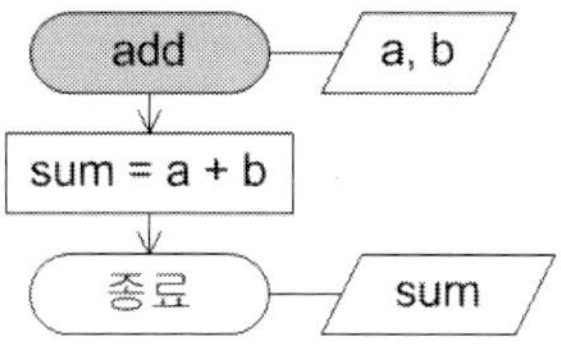

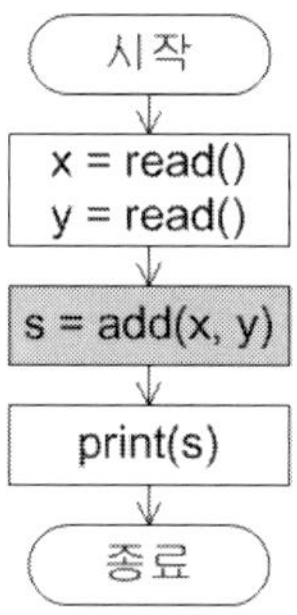

C 프로그램

```
#include <stdio.h>
int add(int a, int b) {
    int sum;
    sum = a + b;
    return sum;
}
int main() {
    int  x, y, s;
    scanf(“%d”, &x);
    scanf(“%d”, &y);
    s = add(x, y);
    printf (“%d ₩n”, s);
}
```

순서도 6-1은 C를 이용해서 재귀적으로 함수를 정의하고, 사용하는 방법을 보여준다. factorial() 함수는 리턴 타입을 double로 지정했다. 이것은 정수형을 사용하면, 큰 숫자가 나올 때 계산 범위를 넘어가기 때문이다.

순서도 6-1

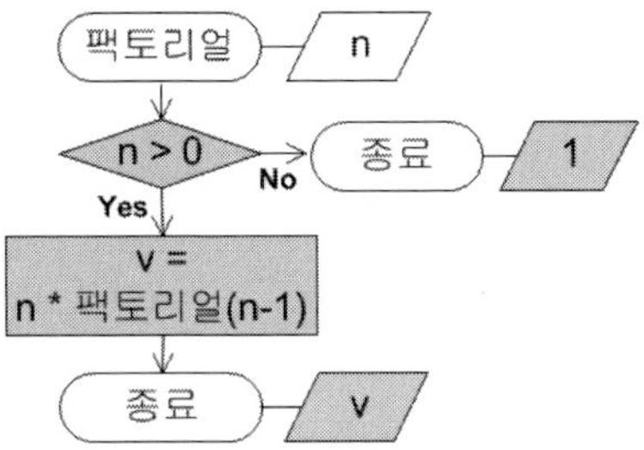

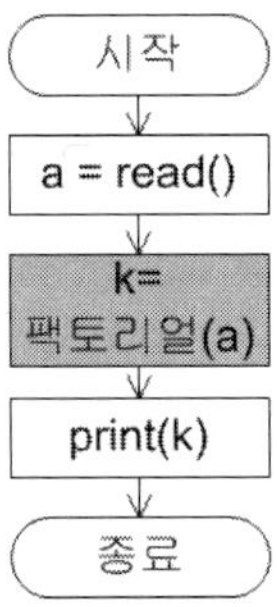

C 프로그램

```
#include <stdio.h>
double factorial(int n) {
    int v;
    if(n > 0) {
        v = n * factorial(n-1);
        return v;
    } else {
        return 1;
    }
}
int main() {
    int  a ;
    double k;
    scanf("%d", &a);
    k = factorial(a);
    printf ("%.0f ₩n", k);
}
```

13.2 배열과 문자열

13.2.1 배열 순서도를 C로 변환하기

7장에서 배운 내용을 C에서는 배열을 이용해서 처리할 수 있다. C에서 배열은 다음과 같은 형태로 사용할 수 있다.

형태 배열 선언

자료형 배열변수 [배열크기] ;

배열은 중괄호 { }을 사용해서 초기화할 수 있다. 다음은 정수 배열 k를 초기화한 예이다.

```
int k[4] = { 0, 2, 4, 8 };
```

다음 순서도 7-1은 C 프로그램으로 변환하고, 이를 사용하는 방법을 보여준다.

순서도 7-1

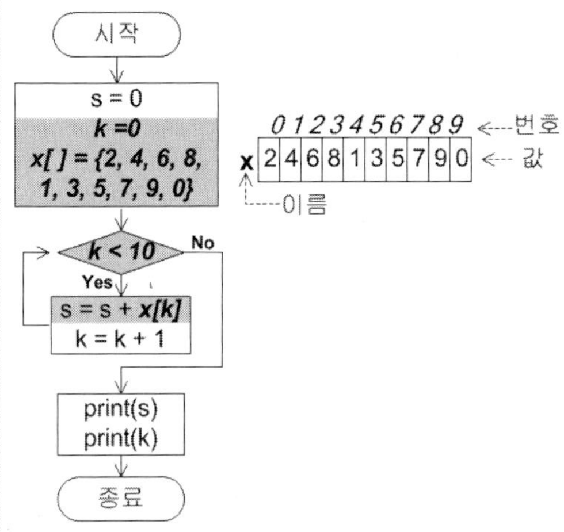

C 프로그램

```
#include <stdio.h>
int main() {
    int  s = 0, k = 0;
    int x[10] = {2, 4, 6, 8, 1, 3, 5, 7, 9, 0};
    while (k < 10) {
        s = s + x[k];
        k = k + 1;
    }
    printf ("%d ₩n", s);
    printf ("%d ₩n", k);
}
```

C에서는 [ ]를 여러 개 사용함으로써 다차원 배열을 표현할 수 있다. 다음 예는 2차원 배열을 표현하고, 초기화하는 방법을 보여준다.

형태 **2차원 배열**

```
int t[2][3] = { {1, 2, 3}, {4, 5, 6} };
```

2차원 배열은 다음 그림과 같은 형태로 표현될 수 있다. 즉 두 개의 행과 세 개의 열로 이루어진 행렬 형태로 표현될 수 있다.

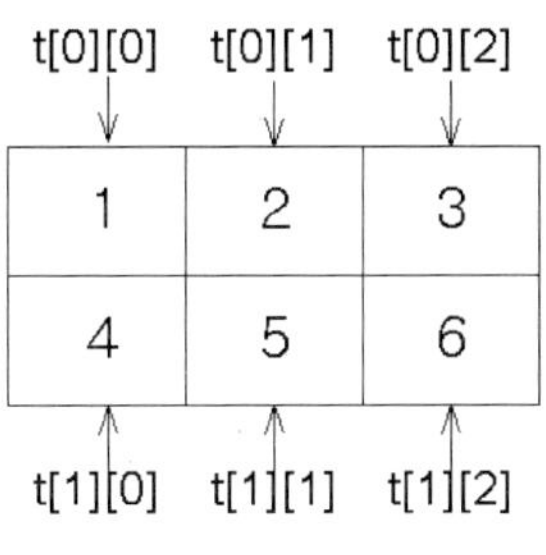

순서도 7-2는 2차원 배열 s의 값을 출력하는 순서도를 C 프로그램으로 변환하는 방법을 보여준다.

순서도 7-2	C 프로그램

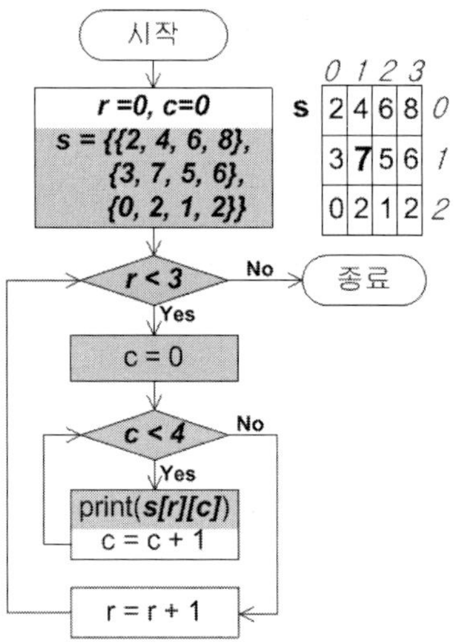


```
#include <stdio.h>
int main() {
    int  r = 0, c = 0;
    int s[3][4] = { {2, 4, 6, 8}, {3, 7, 5, 6},
                    {0, 2, 1, 2} };
    while (r < 3) {
        c = 0;
        while (c < 4) {
            printf ("%d ₩n", s[r][c]);
            c = c + 1;
        }
        r = r + 1;
    }
}
```

13.2.2 문자열

C 언어에서 문자열은 문자들의 연속으로 반드시 널(null) 문자('\0')로 끝난다. 문자열은 char 배열로 표현하며, 배열의 크기는 문자들의 개수보다 1은 커야한다. 이것은 문자열의 끝은 '\0'를 꼭 넣어야하기 때문이다.

예 "good"이라는 문자열은 다음과 같이 저장된다.

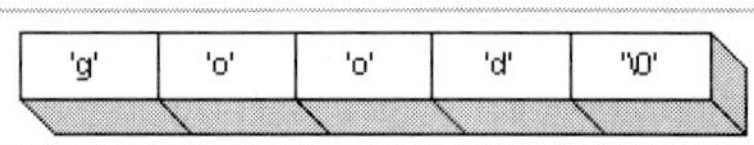

문자열 관련 함수들은 <string.h> 파일에 선언되어 있다. 다음은 문자열 처리에 많이 사용되는 함수들이다.

- char *strcat(char *dst, const char *src); - dst 문자열에 src 문자열을 합친다.
- char *strcpy(char *dst, const char *src); - dst 주소에 src 문자열을 복사한다.
- size_t strlen(const char *s); - s 문자열의 길이를 리턴한다. 이때 '\0'은 포함하지 않고 순수 문자열의 길이를 리턴한다.

다음 함수들은 문자열을 숫자로 변경하는 경우에 사용되는 함수들이다. 이 함수들은 <stdlib.h> 파일에 선언되어 있다.

- long atol(const char *str); - 문자열을 long형의 숫자로 변환한다.
- int atoi(const char *str); - 문자열을 int형의 숫자로 변환한다.

13.3 구조체 순서도를 C로 변환하기

C 언어에서 구조체는 struct를 이용해서 표현한다. struct는 다음과 같은 형태로 사용할 수 있다.

예 struct 선언

```
struct student {
	char name[10];
	int age;
	char tel[12];
};
```

다음의 순서도 8-1은 이름, 나이, 전화번호를 표현하는 순서도를 C 언어의 struct를 이용해서 프로그램을 작성한 것이다. C 언어에서 변수에 문장열을 저장하기 위해서는 strcpy( ) 함수를 사용한다. strcpy( ) 함수를 사용하기 위해서 #include <string.h>가 필요하다.

순서도 8-1	C 프로그램

순서도 8-1

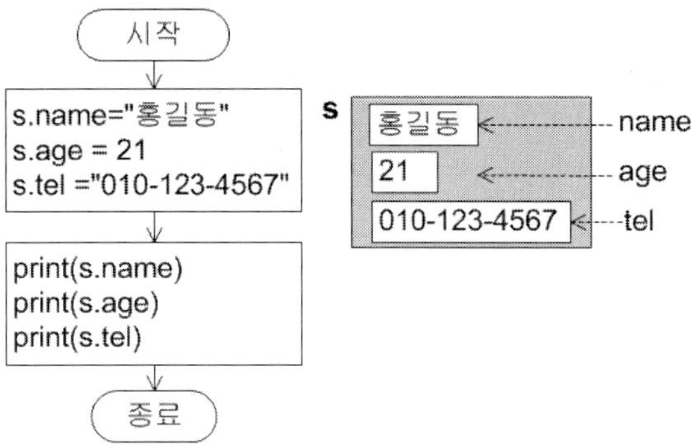

C 프로그램

```
#include 〈stdio.h〉
#include 〈string.h〉
int main() {
    struct student {
        char name[10];
        int age;
        char tel[12];
    };
    struct student s;
    strcpy(s.name, "홍길동");
    s.age = 21;
    strcpy(s.tel, "010-123-4567");

    printf("%s ₩n", s.name);
    printf("%d ₩n", s.age);
    printf("%s ₩n", s.tel);
}
```

다음은 순서도에서 구조체 배열을 C로 표현한 것이다.

순서도 8-3	C 프로그램

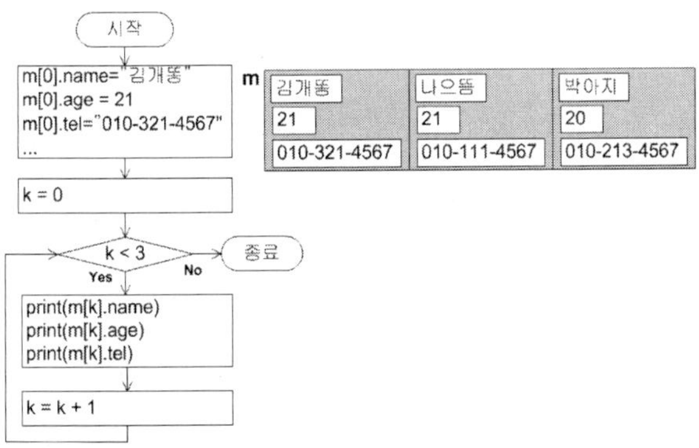


```
#include <stdio.h>
#include <string.h>
int main() {
    struct student {
        char name[10];
        int age;
        char tel[12];
    };
    struct student m[3];
    int k;

    strcpy(m[0].name, "김개똥");
    m[0].age = 21;
    strcpy(m[0].tel, "010-321-4567");

    strcpy(m[1].name, "나으뜸");
    m[1].age = 21;
    strcpy(m[1].tel, "010-111-4567");

    strcpy(m[2].name, "박아지");
    m[2].age = 20;
    strcpy(m[2].tel, "010-213-4567");

    k = 0;
    while (k < 3) {
        printf("%s ₩n", m[k].name);
        printf("%d ₩n", m[k].age);
        printf("%s ₩n", m[k].tel);
        k = k + 1;
    }
}
```

9장에서 주소에 대해서 간단히 배웠는데, 이제 C 언어에서 주소에 대해서 알아보도록 하자. 변수의 주소를 나타내기 위해서는 변수 이름 앞에 & 기호를 붙인다. 예를 들어, 변수

a의 주소는 ***&a***로 표현한다. 다음 예를 보자. ap 변수는 a 변수의 주소를 값으로 갖는다.

코드 예	개념 그림	설명

int a;
a = 10;
ap = &a;
	ap [3ffea0] → a [10]
	3ffea0
		a는 10 값을 갖는 정수형 변수이고, ap는 a의 주소 값(3ffea0)을 갖는 변수이다.

이때 ap가 가리키는 곳(변수 a)의 값(10)을 표현하기 위해서는 * 연산자를 사용한다. 즉, 다음과 같이 기술한다.

```
x = *ap;     /* ap가 가리키는 곳의 값(10)을 x에 할당 */
*ap++;       /* ap가 가리키는 곳의 값을 하나 증가시킴.
                a 변수의 값이 11로 변경됨 */
```

그러면 변수 ap는 어떻게 선언할 수 있을까? ap 변수의 자료형은 포인터라고 하고, 좀더 구체적으로는 ap가 가리키는 곳의 자료형에 따라 정수 포인터, 실수 포인터 등으로 구분할 수 있다.

포인터형 변수	설명	개념도	의미
int * ip;	정수 포인터 변수 ip	ip [ ] → 정수	ip가 가리키는 곳은 정수
double * dp;	실수 포인터 변수 dp	dp [ ] → 실수	dp가 가리키는 곳은 실수
char * cp;	문자 포인터 변수 cp	cp [ ] → 문자	cp가 가리키는 곳은 문자

포인터와 관련된 연산자로는 주소 연산자(&)와 간접 연산자(*)가 있다. 주소 연산자는 변수의 주소값을 리턴하는 연산자이고, 간접 연산자는 주소 값이 가리키는 곳에 저장된 값을 리턴하는 연산자이다.

- & : 주소 연산자, 변수의 포인터(주소) 값
- * : 간접 연산자. 포인터(주소)가 가리키는 곳의 값

구조체에 대한 주소도 동일한 방법으로 사용할 수 있다. 예를 들어, 구조체 학생을 가리키는 변수 h는 다음과 같이 선언할 수 있다.

```
struct student * h;
```

다음은 학생 구조체에 next를 두어서 다음 학생을 가리키도록 만드는 순서도와 이를 C 언어로 구현한 것이다.

순서도 9-1	C 프로그램
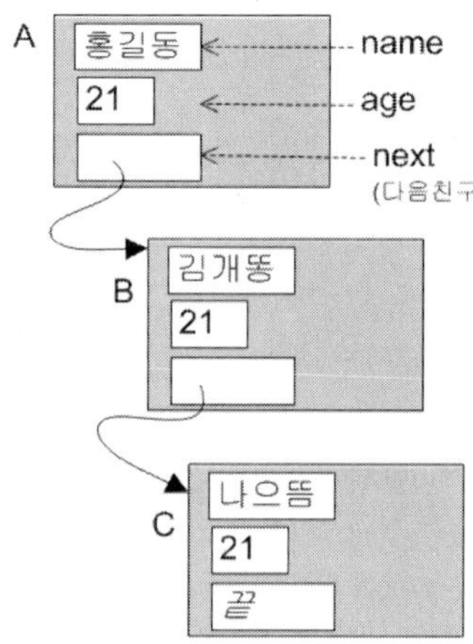	(see code below)


```
#include <stdio.h>
#include <string.h>
int main() {
    struct student {
        char name[10];
        int age;
        struct student * next;
    };
    struct student A, B, C;

    strcpy(A.name, "홍길동");
    A.age = 21;
    A.next = &B;

    strcpy(B.name, "김개똥");
    B.age = 21;
    B.next = &C;

    strcpy(C.name, "나으뜸");
    C.age = 21;
    C.next = NULL;
}
```

순서도 9-3처럼 next를 따라 가면서 정보를 처리해야 할 때 다음과 같이 C 프로그램으로 작성할 수 있다. 포인터 변수에 값이 없음(다른 변수를 가리키지 않음, 끝 등을 의미함)을 표현하기 위해서 C 언어에서는 NULL을 사용한다.

순서도 9-3	C 프로그램
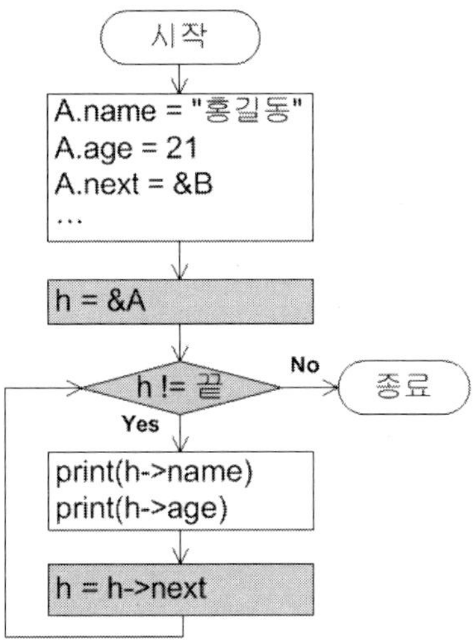	(아래 코드)


```c
#include <stdio.h>
#include <string.h>
int main() {
    struct student {
        char name[10];
        int age;
        struct student * next;
    };
    struct student A, B, C;
    struct student * h;

    strcpy(A.name, "홍길동");
    A.age = 21;
    A.next = &B;
    strcpy(B.name, "김개똥");
    B.age = 21;
    B.next = &C;
    strcpy(C.name, "나으뜸");
    C.age = 21;
    C.next = NULL;

    h = &A;
    while (h != NULL) {
        printf("%s ₩t", h->name);
        printf("%d ₩n", h->age);
        h = h->next;
    }
}
```

변수에 값을 저장하기 위해서는 적당한 크기의 메모리를 할당받아야 한다. C 언어에서는 컴파일 시에 메모리를 할당받는 **정적 메모리 할당**과 프로그램 실행시에 메모리를 할당할 수 있는 **동적 메모리 할당** 방법이 있다. 정적 메모리 할당은 변수를 선언함으로써 메모리 할당이 이루어지고, 동적 메모리 할당은 malloc() 관련 함수를 이용해서 프로그램 실행시에 메모리를 할당할 수 있다. 다음 예는 malloc()을 이용해서 학생 구조체를 위한 공간을 실행 시에 만드는 것을 보여준다.

예 **학생 구조체 공간 할당**

```
struct student * h;
h = (struct student *) malloc (sizeof(struct student));
```

순서도 9-4는 다음과 같은 형태로 C 프로그램으로 변환할 수 있다.

순서도 9-4

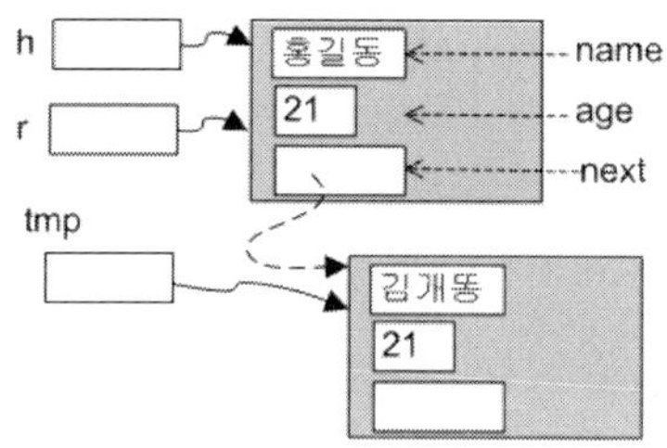

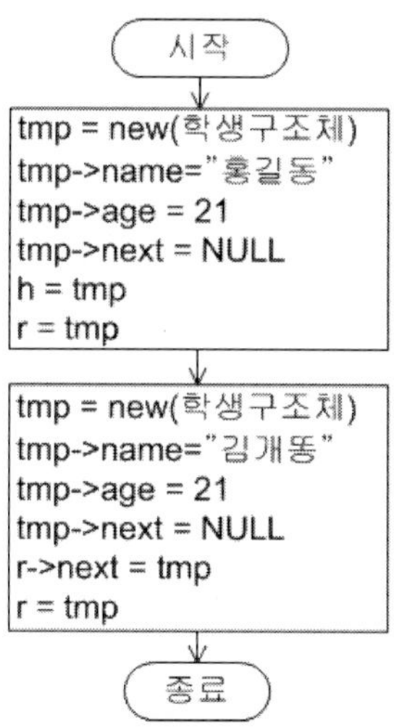

C 프로그램

```
#include <stdio.h>
#include <stdlib.h>
#include <string.h>

int main() {
    struct student {
        char name[10];
        int age;
        struct student * next;
    };
    struct student * h, *r, *tmp;

    tmp =
        (struct student *)malloc(sizeof(struct student));
    strcpy(tmp->name, "홍길동");
    tmp->age = 21;
    tmp->next = NULL;
    h = tmp;
    r = tmp;

    tmp =
        (struct student *)malloc(sizeof(struct student));
    strcpy(tmp->name, "김개똥");
    tmp->age = 21;
    tmp->next = NULL;
    r->next = tmp;
    r = tmp;
}
```

13.4 C 프로그램 실습

7장부터 9장까지 순서도 연습 문제를 C 프로그램으로 변환해보도록 하자.

저자약력

최종명

현재 국립목포대학교 컴퓨터공학과 교수로 재직 중이며, 숭실대학교에서 학위를 받았다.

자바, JSP/Servlet 등 컴퓨터 프로그래밍 관련 서적을 출판했다.

정가 15,000원

컴퓨터적 사고와 프로그래밍 첫걸음

2016년 8월 20일 초판 인쇄
2016년 8월 31일 초판 발행
저　자: 최종명
발행자: 우명찬·송　준
발행처: 홍릉과학출판사
주　소: 서울시 강북구 인수봉로 50길 10
01093
등　록: 1976년 10월 21일 제5-66호
전　화: (02) 999-2274~5, 903-7037
팩　스: (02) 905-6729
e-mail: hongpub@hongpub.co.kr
http://www.hongpub.co.kr
ISBN: 979-11-5600-457-8

저자와의 협의하에 인지생략

낙장 및 파본은 구입처나 본사에서 교환하여 드립니다.
판권 소유에 위배되는 사항(인쇄, 복제, 제본)은 법에 저촉됩니다.